Wilfried Röhrig

Willkommen hier in meinem Haus

D1730446

Wilfried Röhrig

Willkommen hier in meinem Haus

Thematische Kinder- und
Familiengottesdienste

Lahn-Verlag Limburg

Die Deutsche Bibliothek – CIP-Einheitsaufnahme

Röhrig, Wilfried:
Willkommen hier in meinem Haus : thematische Kinder-
und Familiengottesdienste / Wilfried Röhrig. –
Limburg : Lahn-Verl., 1999
ISBN 3-7840-3168-4

Wir danken den Autorinnen und Autoren sowie den Verlagen
für die uns freundlicherweise erteilten Abdruckgenehmigungen.

Gedruckt auf chlorfrei gebleichtem, umweltfreundlichem Papier.

© 1999 Lahn-Verlag, Limburg
Lektorat: Anne Voorhoeve
Umschlagillustration: Nicola Kirsch/Christoph Lücking
Notensatz: Nikolaus Veeser, Schallstadt
Satz: Schröder Media, Dernbach
Druck und Bindung: Clausen & Bosse, Leck
Printed in Germany
Abdruck, auch auszugsweise, nur mit Genehmigung des Verlags.

ISBN 3-7840-3168-4

Inhalt

Verzeichnis der abgedruckten Lieder

Die kursiv gedruckten Lieder sind auf der MC/CD »Willkommen hier in meinem Haus« zu finden.

Vorwort

Wer mit der Vorbereitung von Kinder- und Familiengottesdiensten zu tun hat, kennt diese Erfahrung: Die Beteiligten des Vorbereitungsteams tauschen sich aus über die Lesung(en) und das Evangelium des jeweiligen Sonntags, bringen dabei sich und ihren Alltag (mit den Kindern) ins Gespräch und formulieren daraus ein Thema für den Gottesdienst.

Bei der näheren Ausgestaltung und der Suche nach passenden Liedern stehen sie nicht selten vor einem Fragezeichen. Auch das Wälzen einschlägig bekannter Liederbücher führt oft nicht weiter. Die dort gefundenen Lieder bringen nicht das auf den Punkt, was im Gespräch an wertvollen Gedanken und Überlegungen zur Sprache kam.

Was tun? Für mich – als jemand, der gerne und leidenschaftlich Lieder schreibt – ist das eine reizvolle Herausforderung, ein willkommener Anlass, neue Lieder zu komponieren und dabei die bedenkenswerten Aspekte und Gedanken des Vorbereitungskreises ins Spiel, genauer: ins Lied zu bringen. Die dreizehn vorliegenden Gottesdienstentwürfe mit den entsprechenden »Eigenkompositionen« sind eine (erste) Auswahl aus dieser »Arbeit«. Die Lieder sind auf der MC und CD »Willkommen hier in meinem Haus. Himmlische Songs für kleine Leute« erschienen (rigma Musikverlag, CD 102, MC 302; Lahn-Verlag, CD: ISBN 3-7840-2284-7, MC: ISBN 3-7840-2283-9). Das Proprium dieses Werkbuchs liegt somit auf der *thematischen Einbindung* und Profilierung der Lieder.

Lieder sind, wenn sie musikalisch-textlich etwas zu bieten haben, nicht nur schmückendes Beiwerk oder bloße Auflockerung eines ansonsten zu trockenen oder abstrakten Gottesdienstes nach dem Motto »Wir singen jetzt mal ein Lied«, sie sind *Verkündigung mit anderen Mitteln*. So führen diese Lieder im Gesamt des Gottesdienstes kein (ablenkendes oder unreflektiertes) »Eigenleben«, sondern werden in ihren Aussagen erschlossen und bleiben *einbezogen in das Ganze des Gottesdienstes* mit seinem jeweiligen thematischen Schwerpunkt.

Zur schnellen ersten Orientierung finden sich zu Beginn jedes Gottesdienstmodells

- ein Hinweis zum *Alter* (entsprechend dem »Schwierigkeitsgrad« ist eine Hauptzielgruppe der Kinder angegeben)

- das *Thema* bzw. die wichtigen thematischen Aspekte
- die Angabe der *Bibelstelle* (mit möglichen Alternativen).

Es folgen Vorbemerkungen
- inhaltlicher Art *(»Hinführung«)*: »Sitz im Leben« des Themas, Hintergründe, Überlegungen
- zu benötigten *Materialien*
- zu organisatorischen *Vorbereitungen.*

Schließlich folgt der Gottesdienstentwurf mit Gebeten, Liedern, Fürbitten und dem »Eigentlichen«, der *thematischen Erschließung* im Zusammenhang mit dem Text aus der Heiligen Schrift sowie dem »Kern-Lied«.

Weitere in den Gottesdienstmodellen erwähnte, aber nicht abgedruckte Lieder sind in vielen gängigen Liederbüchern zu finden. Angegeben sind
- »Troubadour für Gott«, hrsg. vom Kolping-Bildungswerk Würzburg
- Schwerter Liederbuch »Singt dem Herrn«, hrsg. von Elsbeth Bihler, Walburga Schnock und Hans-Heinz Riepe, BDKJ-Verlag Paderborn.

Ein besonderes Wort des Dankes gilt Monika Windörfer, Schwester Ines und den anderen aus dem Vorbereitungskreis von St. Marien in Viernheim!! Sie haben in den Vorbereitungstreffen ganz wesentlich zur Gestaltung der meisten hier vorliegenden Gottesdienstentwürfe beigetragen.

Ich wünsche – auch im Namen aller aus dem Team – viel Freude, Hoffnung und Ermutigung beim Feiern der Gottesdienste und beim Singen der »Himmlischen Lieder«!

Viernheim, im Januar 1999

Wilfried Röhrig

Gottesdienstmodelle

1 Gott, hier wohnst Du

Alter: 6–8 Jahre

Thema:
Unsere Kirche, unser Gottes-Haus
Gott lädt uns ein in seine Kirche, in sein Haus

Bibelstellen:

Mt 18,20	**»Wo zwei oder drei …«**
Lk 14,15–24	Gleichnis vom Gastmahl
Mk 10,13–16	Die Segnung der Kinder
Apg 2,43–47; 4,32–37	Von den ersten Christen

Hinführung

Im Mittelpunkt des Gottesdienstes soll *unsere Kirche* stehen, also das ganz konkrete Kirchengebäude unserer Pfarrgemeinde. Wir wollen es uns ganz genau anschauen, es erkunden und entdecken: Bilder, Symbole, Gegenstände, Farben …
So bleibt es kein »Haus mit sieben Siegeln«, sondern wird lebendig, zugänglich, ein wenig vertraut, vielleicht auch – im positiven Sinn des Wortes – fraglich und bedenkenswert. Gottesdienst findet ja nicht im »luftleeren Raum« statt, sondern in einer – eben »unserer« – Kirche. Überraschende Neuentdeckungen sind auch für Erwachsene nicht ausgeschlossen. Wache Augen, Ohren und Herzen sind also angesagt.
Die vielen – im Vergleich zu unseren Häusern und Wohnungen – ungewöhnlichen Dinge (Altar, Osterkerze, Taufbecken, …) und auch das Läuten der Glocke vor Beginn des Gottesdienstes machen deutlich: Das Treffen zum Gottesdienst in der Kirche ist keine rein menschliche Angelegenheit, sondern *Gott selbst* ist es, der uns einlädt. Wir dürfen erleben und verstehen, dass er in unserem Singen und Beten, in unserer Gemeinschaft und in seinem Wort zugegen ist.

Vorbereitungen

Alle versammeln sich im Eingangsbereich der Kirche/im Glockenturm; die Glocken läuten. Altarkerzen und Osterkerze brennen.

Lied: Willkommen hier in Meinem Haus

MC/CD 1

2. In der bunten Menschenschar
   sind viele Buben da.
   Diese spitzen jetzt ihr Ohr
   und der Rest singt wie im Chor:

Refrain

3. In der bunten Menschenschar
   sind viele Mamis da.
   Diese spitzen jetzt ihr Ohr
   und der Rest singt jetzt im Chor:

Refrain

4. In der bunten Menschenschar
   sind viele Papis da.
   Diese spitzen jetzt ihr Ohr
   und der Rest singt wie im Chor:

Refrain

5. In der bunten Menschenschar
   bin auch ich unter euch da.
   Und ich spitze jetzt mein Ohr
   und ihr alle singt im Chor:

Refrain

T und M: Wilfried Röhrig
Aus: MC/CD Willkommen hier in meinem Haus
Rechte: rigma Musikverlag, Viernheim

Gebet

Guten Morgen, lieber Gott!
Wir sind hier in Deinem Haus.
Hier wohnst Du.
Du hast uns durch die Glocken gerufen.
Wir sind zu Dir gekommen.
Wir singen Lieder.
Wir hören Geschichten von Dir.
Wir erfahren, dass Du alle Menschen lieb hast.
Auch uns.
Wir dürfen zu Dir sprechen.
Du hörst uns zu.
Wir freuen uns.
Amen.

Thematische Erschließung

L (Leiter/in)spricht:
Wir wollen uns heute auf Entdeckungstour begeben und unsere Kirche, unser Gotteshaus erkunden. Was gibt es zu sehen und zu entdecken? An einigen wichtigen Stellen unserer Kirche wollen wir kurz Rast machen und gemeinsam überlegen.
Entdeckungsweg durch die Kirche: Kinder beobachten und erzählen lassen; das Gespräch sollte sich auf wichtige und markante Dinge der

eigenen Kirche beschränken, um die Entdeckungsreise nicht zu langatmig werden zu lassen. Wichtige »Haltepunkte« sollten sein:

Kreuz: Es erinnert uns an Jesu Tod und Auferstehung. Es verbindet uns als Christen mit Jesus Christus. Es ist unser Erkennungszeichen. Deshalb beginnen wir jeden Gottesdienst und jedes Gebet auch in diesem Zeichen: »Im Namen des Vaters und des Sohnes und des Heiligen Geistes. Amen.«

Taufbecken: Mit (Weih-)Wasser aus diesem Becken wurden wir getauft. Wasser reinigt. Wasser schenkt Pflanzen, Tieren und uns Menschen Leben.
                 So schenkt uns die Freundschaft mit Jesus Christus, die in der Taufe begonnen wurde, Kraft, Freude und Hoffnung. Daran sollten wir auch denken, wenn wir an der Kirchentür mit Weihwasser das Kreuzzeichen machen.

Osterkerze: Die roten Nägel erinnern an Jesu Wundmale, als er gekreuzigt wurde.
                 Die Buchstaben »A« und »O« sind die ersten und letzten Buchstaben des griechischen Alphabets. In dieser Sprache haben die ersten Christen geschrieben und z. T. auch gesprochen. Wenn diese beiden Buchstaben hier auf der Kerze sind, dann soll das bedeuten, dass Anfang und Ende unseres Lebens und der ganzen Welt in Seiner Hand liegen.
                 Das Licht der brennenden Kerze erinnert uns an das Leben und die Auferstehung Jesu. Er ist unser Licht, das uns wärmt und uns den Weg weist.

Altar: Er lässt uns an einen Tisch denken, wo Menschen essen und trinken, wo Menschen miteinander Mahl halten und feiern.
                 Der Altar in der Kirche erinnert uns an Jesus und das (Abschieds-) Mahl, das er mit seinen Jüngern vor seinem Tod gefeiert hat. Er hat damals das Brot gebrochen und den Wein geteilt, um seinen Freunden zu zeigen: Ich möchte ganz für euch da sein und mit euch verbunden bleiben.

Neben diesen wichtigen Grund-Symbolen Kreuz, Taufbecken, Osterkerze und Altar sollten auch besondere Figuren und (Fenster-) Bilder
oder Statuen, die mit dem Namen der Kirche etwas zu tun haben oder
die besonders hervorstechen, angesprochen und erläutert werden.
Weitere Stationen auf dem Rundgang könnten sein: Beichtstuhl,
Marienbild oder -statue, Ewiges Licht. Sollten die Kinder (und möglicherweise auch die Eltern) auf den Geschmack gekommen sein oder
die Anzahl der wertvollen und bedenkenswerten Symbole, Gegenstände, Personen ... zu groß sein, wäre ein »Kennenlernen« der Kirche
über zwei oder mehrere aufeinander folgende Gottesdienste ange-
bracht.
Hier sollte das Vorbereitungsteam je nach den konkreten Gegebenhei-
ten vor Ort entscheiden und gegebenenfalls für jeden der Gottesdienste eigene Schwerpunkte setzen.

L spricht:
*Die Kirche ist als Haus Gottes auch deshalb so wichtig für uns, weil
wir uns hier in seinem Namen als Christen versammeln. Jesus selbst
hat uns versprochen, unter uns zugegen zu sein.*

Evangelium (nach Mt 18,20)

Jesus sagt über das Leben in der Gemeinde: Wo zwei oder drei in meinem Namen beisammen sind, da bin ich mitten unter ihnen.

Lied: Wo zwei oder drei
(Troubadour 128)

Fürbitten

Gott, Du hast uns hier in Deinem Haus zusammengeführt. Du bist
uns nah. Dir dürfen wir unsere Bitten und Anliegen vortragen:

Lass uns immer wieder im Gottesdienst Deine Gegenwart spüren!
Guter Gott: Wir bitten Dich, erhöre uns!

Lass unsere Gemeinschaft untereinander und mit Dir wachsen!
Guter Gott: Wir bitten Dich, erhöre uns!

Lass viele Menschen, Große und Kleine, Junge und Alte,
den Weg zu Dir finden!
Guter Gott: Wir bitten Dich, erhöre uns!

Sei Du bei uns auch zu Hause, im Kindergarten, in der Schule!
Guter Gott: Wir bitten Dich, erhöre uns!

Vater unser

Wir stellen uns im Kreis um den Altar und nehmen uns beim Beten an
den Händen. L spricht:
*Es tut gut zu spüren, dass wir miteinander verbunden sind. Gott ist
mitten unter uns. Zu ihm wollen wir beten, wie Jesus es seine Freunde
gelehrt hat: Vater unser ...*

Gebet

Guter Gott,
wir haben heute Morgen die Glocken gehört.
Wir sind hierher gekommen.
Wir haben uns Dein Haus ganz genau angesehen.
Wir haben viele interessante Dinge entdeckt.
Wir haben über wichtige Symbole gesprochen,
die uns die Freundschaft mit Dir
und Deinem Sohn Jesus Christus deutlich machen:
das Kreuz, das Taufbecken, die Osterkerze, den Altar.
Dein Haus ist sehr groß.
Viele Leute haben hier Platz.
Wir gehen jetzt nach Hause.
Du bist bei uns in unseren Herzen und Gedanken.
Wir danken Dir, guter Gott.
Amen.

Segen

Lied: Gottes guter Segen sei mit euch

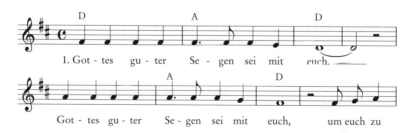

1. Got - tes gu - ter Se - gen sei mit euch.

Got - tes gu - ter Se - gen sei mit euch, um euch zu

2. Gottes guter Segen sei vor euch!
   Mut, um zu wagen,
   nicht zu verzagen
   auf allen Wegen.

3. Gottes guter Segen über euch!
   Liebe und Treue
   immer aufs Neue
   auf euren Wegen.

4. Gottes guter Segen sei um euch!
   Heute und morgen
   seid ihr geborgen
   auf allen Wegen.

5. Gottes guter Segen sei in euch!
   Sucht mit dem Herzen,
   leuchtet wie Kerzen
   auf allen Wegen!

T: Rolf Krenzer   M: Siegfried Fietz
Aus: Gottes guter Segen sei mit euch
Rechte: ABAKUS Musik Barbara Fietz, Greifenstein

2   Entdecke deine Talente!

Alter: 8–10 Jahre

Thema:
Jeder hat Begabungen, Fähigkeiten, Talente.
Sie sind von Gott geschenkt, damit wir sie entdecken und entfalten.

Bibelstellen:

Mt 25,14–19   **Gleichnis vom anvertrauten Geld**
Jes 43   Gott ruft uns beim Namen
1 Kor 12,1–11   Der eine Geist und die vielen Gaben
1 Kor 12,12–31a   Der eine Leib und die vielen Glieder

Hinführung

Wir wollen uns neu bewusst werden, dass jeder von uns verschieden ist und unterschiedliche Begabungen und Talente hat. Wir wollen bedenken, dass Gott uns diese Fähigkeiten geschenkt hat, dass er uns mag wie wir sind.
Er möchte, dass wir unsere Talente entdecken und entfalten und in die Gemeinschaft mit anderen einbringen.
Wenn wir das tun, wird unser Leben, wird Gottes Welt bunt und lebendig.

Materialien

- Tesakrepp, (Wachs-)Malstifte in ausreichender Zahl
- Ball (Fuß-, Basket-, Volley- oder Handball)
- Musikinstrument (Gitarre, Flöte, Trompete, ...)
- Buch
- großes, unbeschriebenes Plakat
- Gaukler-/Clownkostüm, Mönchsgewand (oder großen Mantel, der entsprechend aussieht).

Vorbereitungen

Jede/r beschreibt vor Beginn des Gottesdienstes am Eingang einen kleinen Tesakreppstreifen mit seinem/ihrem Namen und heftet diesen Streifen gut sichtbar vorne auf seinen/ihren Anorak oder Pulli.

17

Lied: Vater du hast uns einen Namen geschenkt
(Troubadour 427)

Gebet

Guter Gott, jeder von uns trägt einen Namen.
Unsere Eltern haben ihn für uns ausgesucht.
Mit diesem Namen werden wir angesprochen und gerufen.
Mit diesem Namen stellen wir uns anderen Menschen vor.
Auch Du hast uns in der Taufe einen Namen geschenkt.
Du sagst Ja zu jedem von uns – so wie er ist.
Das macht uns froh.
Du bist unser Vater und hast uns hier zusammengeführt.
Als Deine Kinder wollen wir diesen Gottesdienst feiern. Amen.

Thematische Erschließung 1

L spricht:
Wie ihr seht, habe ich einige Gegenstände mitgebracht:
Da ist zunächst ein Fußball. Wer von euch spielt gerne Fußball? Wer
von euch denkt, dass er ein guter Fußballspieler ist?
Dann habe ich hier eine Flöte. Wer von euch kann Flöte spielen? Wer
denkt, dass er sehr gut Flöte spielen kann?
Dann habe ich hier ein Buch. Wer von euch geht in die Schule und
kann bereits Bücher lesen?
Das sind jetzt einige wenige Beispiele. Ich hätte noch andere Bälle,
viele andere Musikinstrumente und viele Gegenstände mitbringen
können. Was uns deutlich wird: Jeder von uns kann ganz unterschied-
liche Sachen gut oder mag sie gerne. Bei mir sieht das so aus, bei unse-
ren Freunden oder den Nachbarn links und rechts in der Bank kann
das ganz anders sein. Schön ist, dass jeder etwas kann und etwas mag.
Wir freuen uns darüber, unsere Eltern, Geschwister und Freunde
freuen sich darüber, auch Gott freut sich darüber.

Lied: Ob dick, ob dünn   MC/CD 2

hin, es liebt dich der Va - ter wie dun nun mal bist.

Ja, ob groß, ob klein, je - der bringt sich mit

ein, da - mit Got - tes Welt vol - ler Far - be ist.

Karl kann in - die - Hö - he sprin - gen wie ein Frosch im Gras.

1. Ka - rin kann fan - tas - tisch tan - zen, es macht ihr rich - tig Spaß.

Hei - ner kann be - zau - bernd sin - gen, hell und su - per - klar.

E - va kann die Flö - te spie - len toll und wun - der - bar.

2. Hanne ist im Bildermalen
   ein richtiges Genie.
   Thomas kann ganz toll erzählen,
   voller Phantasie.
   Lisa merkt, wenn in der Klasse
   jemand traurig ist.
   Hans teilt gern sein Frühstücksbrot,
   wenn jemand das vergisst.

Refrain

3. Jens hilft gerne seiner Mami,
   ohne dass er muss.
   Franz gibt seiner kranken Oma
   jeden Tag 'nen Kuss.
   Sabine ist 'ne Superfreundin,
   auf sie ist Verlass.
   Ines ist stets gut gelaunt,
   mit ihr macht Spielen Spaß.

Refrain

T und M: Wilfried Röhrig
Aus: MC/CD Willkommen hier in meinem Haus
Rechte: rigma Musikverlag, Viernheim

Zuerst den Refrain (mit Bewegungen) vorsingen und Stück für Stück
gemeinsam einüben, dann das ganze Lied singen.

Text:	*Bewegungen:*
Ja, ob ... (Pause)	*Zwei Mal klatschen*
dick,	*Beide Hände weit vom Körper weg (dicker Bauch)*
ob dünn,	*Beide Hände nahe an den Körper (dünner Bauch)*
ob mit Brille, guck mal hin,	*Mit Zeigefinger und Daumen jeder Hand einen Kreis bilden und diese Kreise als Brille vor die Augen halten*
es liebt dich der Vater, wie du nun mal bist.	*Mit dem Zeigefinger auf unsere Nachbarn rechts und links deuten*
Ja, ob ... (Pause)	*Zwei Mal klatschen*
groß,	*Beide Hände über den Kopf hoch in die Luft (groß werden)*
ob klein,	*Beide Hände weit nach unten Richtung Knie (klein werden)*
jeder bringt sich mit ein,	*Mit der Hand zuwinken (Komm herbei! Mach mit!)*
damit Gottes Welt voller Farbe ist.	*Hände und Arme beschreiben einen großen Kreis (Weltkugel)*

Thematische Erschließung 2

Wir malen jetzt zusammen ein Bild unter der Überschrift »Gottes bunte (Menschen-)Welt«: Jede/r klebt seinen/ihren Tesakreppstreifen mit seinem/ihrem Namen irgendwo auf das Plakat. Dann zeichnet jede/r einige Dinge dazu, die er/sie gut kann oder gerne mag, die ihm/ihr wichtig sind: Was sind meine Fähigkeiten und Talente, die mir Gott geschenkt hat?

Evangelium (nach Mt 25,14–19)

Mit dem Himmelreich ist es wie mit einem reichen Mann, der auf Reisen ging. Er rief seine Diener und vertraute ihnen sein Vermögen an. Dem einen gab er fünf Talente Silbergeld, also rund 5000 Silbermünzen, einem anderen zwei Talente, also rund 2000 Silbermünzen, und einem Dritten ein Talent, also rund 1000 Silbermünzen, jedem nach seinen Fähigkeiten. Dann reiste er ab.

Sofort begann der Diener, der fünf Talente erhalten hatte, mit ihnen zu wirtschaften, und er gewann noch fünf dazu. Ebenso gewann der, der zwei erhalten hatte, noch zwei dazu. Der aber, der das eine Talent erhalten hatte, ging und grub ein Loch in die Erde und versteckte das Geld des Herrn.

Nach langer Zeit kehrte der Herr zurück, um von den Dienern Rechenschaft zu verlangen ...

Thematische Erschließung 3

L spricht:
Wie wird der Herr reagiert haben, als er von seiner Reise zurückkam?
Antworten der Kinder zusammentragen. Dass er die ersten beiden loben, den Dritten aber tadeln wird, ist für die Kinder unmittelbar ersichtlich.
Was kann das jetzt für uns bedeuten?
Stellen wir uns vor: Wir sind die Diener, denen Gott ein Vermögen anvertraut hat ...
Im Gespräch mit den Kindern sollten folgende Gedanken herausgearbeitet werden:
– »Ein Vermögen«, das sind unsere Talente, Begabungen, Fähigkeiten; jede/r hat seine/ihre Fähigkeiten, die in ihrer Art ganz unterschiedlich sein können, wie auch die »Menge« der Talente unterschiedlich sein kann.

- Wir können ganz verschieden damit umgehen: Wir können sie einsetzen und entfalten, wir können sie aber auch brach liegen lassen.
- Gott möchte, dass wir unsere Fähigkeiten entfalten, dass wir mit
ihnen arbeiten, sie einsetzen. So kann unsere, kann Gottes Welt
richtig bunt und schön werden.

*Und jeder kann damit auf seine ihm eigene Weise Gott loben, wie es in
der folgenden Geschichte deutlich wird.*

Während die Geschichte vorgetragen wird, tritt ein Gaukler/Clown auf.

Geschichte: Der betende Gaukler

Es war einmal ein Gaukler. Der zog tanzend und springend von Ort
zu Ort.

Gaukler tritt auf, springt und tanzt.

Eines Tages war er es müde, ständig unterwegs zu sein und von Ort
zu Ort zu ziehen. Und er trat in ein Kloster ein. Statt des Gaukler-
Kostüms trug er nun ein langes Mönchsgewand.

*Gaukler zieht ein Mönchsgewand über, faltet die Hände und geht
andächtig umher.*

Doch weil er sein Leben bis dahin mit Springen, Tanzen und Rad-
schlagen zugebracht hatte, war ihm das Leben der Mönche fremd. Er
konnte weder ein Gebet sprechen noch ein Lied singen. Wenn er sah,
wie alle anderen beteten, aus frommen Büchern lasen und die Messe
sangen, stand er beschämt dabei: Er allein, er konnte nichts.
»Was tu ich hier?« sprach er zu sich, »ich weiß nicht zu beten und zu
singen. Ich bin hier unnütz und des Gewandes eines Mönches nicht
wert.«

Gaukler geht an die Seite.

In seiner Trauer flüchtete er eines Tages, als die Glocke zum Gebet
rief, in eine abgelegene Kapelle.
»Wenn ich schon nicht mitbeten kann«, sagte er vor sich hin, »so will
ich doch tun, was ich kann.«

Gaukler streift Mönchsgewand ab.

Rasch streifte er das Mönchsgewand ab. Nun stand er da in seinem
bunten Gauklerkostüm. Und während von der Klosterkirche der
Gesang der Mönche herüberweht, beginnt er mit Leib und Seele zu
tanzen, vorwärts und rückwärts, links herum und rechts herum. Mal

geht er auf seinen Händen durch die Kapelle, mal schlägt er einen Salto, mal schlägt er ein Rad. Er will Gott loben und preisen mit Händen und Füßen, mit Leib und mit Seele.

tanzt und singt, schlägt ein Rad, turnt einen Handstand, ...

Und so tanzt und tanzt er ununterborchen, bis er völlig außer Atem und völlig erschöpft niedersinkt.

Gaukler sinkt erschöpft zu Boden

Ein Mönch war ihm heimlich gefolgt und hatte durch ein Fenster alles mitangesehen und heimlich den Abt, den Vorsteher des Klosters, geholt. Am anderen Tag ließ der Abt den ehemaligen Gaukler zu sich rufen. Der Arme erschrak zutiefst und glaubte, er solle, weil er das Gebet der Mönche versäumt hatte, bestraft werden.

Also fiel er vor dem Abt nieder und sprach: »Ich weiß, Herr, dass hier nicht der richtige Ort für mich ist. Ich will aus freien Stücken ausziehen und wieder unterwegs sein von Ort zu Ort, von Stadt zu Stadt.«

Gaukler geht an die andere Seite und kniet sich hin.

Doch der Abt verneigte sich vor ihm, küsste ihn und sprach: »In deinem Tanze hast du Gott mit Leib und Seele geehrt. Uns aber möge er alle schönen Worte verzeihen, die wir zwar reden, die aber nicht aus unserem Herzen kommen.«

Gaukler steht auf und verlässt freudestrahlend und tanzend »die Bühne«.

Nach einer französischen Legende

Fürbitten

Guter Gott, wir wollen unsere Bitten und Anliegen vor Dich tragen:

Lass uns immer wieder erfahren, dass Du uns nahe bist und jeden bei seinem Namen rufst!
Guter Gott: Wir bitten Dich, erhöre uns!

Hilf uns, bei anderen und auch bei uns selbst die unscheinbaren Talente zu sehen und zu schätzen!
Guter Gott: Wir bitten Dich, erhöre uns!

Hilf uns, unsere Fähigkeiten zum eigenen Wohl und zum Wohl der Gemeinschaft zu entfalten!
Guter Gott: Wir bitten Dich, erhöre uns!

Lass uns Dich nicht nur mit schönen Worten, sondern mit Leib und Seele, jeder auf seine eigene Weise, ehren!
Guter Gott: Wir bitten Dich, erhöre uns!

Vater unser

Gebet

Guter Gott,
Du hast uns geschaffen.
Du nimmst jeden so an, wie er ist.
Du rufst jeden bei seinem Namen.
Jede und jeder von uns ist einmalig.
Jede und jeder hat Talente und Fähigkeiten:
Laufen, Springen, Tanzen, Singen, Erzählen, Zuhören,
Verlässlichsein und vieles andere.
Darüber freuen wir uns sehr.
Dafür danken wir Dir.
Hilf uns, unsere guten Anlagen und Gaben zu entdecken.
Hilf uns, sie zu entfalten
und in die Gemeinschaft mit anderen einzubringen.
So wird unsere Welt bunt, schön und lebendig
und zu einem Ort Deiner Gegenwart.
Amen.

Segen

Lied: Wenn jeder gibt, was er hat
(Troubadour 446)

3 Gott sucht Abenteurer

Alter: 8–12 Jahre

Thema:
Abenteurer Gottes: Gottes Wort hören und sich darauf einlassen
Noach, Abraham und Sara, Mose, Maria
Kirchenjahr: Advent

Bibelstellen:

Lk 1,26–38	**Verkündigung an Maria**
Gen 6,5–22	Noach
Gen 12,1–5; 18,1–14	Abraham und Sara
Ex 3,1–10; 16,1–8	Mose

Hinführung

Wir, Erwachsene wie auch Kinder, sind es gewohnt, den Alltag, das Leben nach eigenen Vorstellungen einzurichten, nach eigenen Wünschen und Bedürfnissen. Im Glauben geht es jedoch immer auch darum, uns von *Gott* rufen und anrufen zu lassen, uns auf ihn auszurichten, seine Stimme zu hören und seine Wege zu gehen.

Abenteurer Gottes sind solche Menschen, die Gottes Stimme hören, sich auf sein Wort einlassen, seiner Verheißung (ver-)trauen und mit ihm die Zukunft wagen. An biblischen Beispielen kann das deutlich werden: An Noach, an Abraham und Sara, an Mose und vor allem an Maria, die das Wort Gottes menschliche Gestalt annehmen ließ.

Dieser Gottesdienst hat seinen »Sitz im Leben« in der *Adventszeit*, wo es um die Ankunft und die Erwartung Gottes in und unter uns Menschen geht. Doch kann der Hauptteil, die thematische Erschließung/Katechese im Zusammenhang mit dem Lied »Abenteurer Gottes«, auch losgelöst von dieser Einordnung im Kirchenjahr in einem Gottesdienst zur Sprache gebracht werden.

Materialien

- »Abenteurer«-Poster (z. B. Bergsteiger an einer Steilwand)
- vier Bilder mit biblischen Motiven: 1. Noach mit der Arche, 2. Abraham, 3. Auszug aus Ägypten, 4. Verkündigungsszene.
- Stellwand zum Aufhängen des Posters und der Bilder.

Vorbereitungen

Stellwand für alle gut sichtbar aufstellen; das Poster und die vier Bilder liegen bereit.

Lied: Das Licht einer Kerze
(Schwerter Liederbuch 119)

Gebet

Lieber Gott,
der Advent hat begonnen.
In den Straßen und Häusern sind viele Lichter zu sehen.
In den Geschäften gibt es vieles zu entdecken und zu bewundern.
Wir singen Adventslieder und backen Plätzchen.
Und in unseren Wohnungen und hier in der Kirche
brennt die erste Kerze am Adventskranz.
Lass es in uns hell werden.
Lass uns offen werden
für Dein Wort und Deine Botschaft.
Amen.

Thematische Erschließung 1

Das »Abenteurer«-Poster wird aufgehängt.
L spricht:
Was ist hier zu sehen? Was macht der Mann / die Frau? ...
Wer von euch hat schon mal ein richtiges Abenteuer erlebt? Wer möchte das gern erzählen?
Einige Kinder von Abenteuern erzählen lassen.
Abenteuer, das sind prickelnde Erlebnisse, gewagte Unternehmungen, manchmal auch ganz gefährliche Dinge. Wird es gut gehen?, fragen wir. Wenn es vorbei ist und alles ist gut gegangen, sind wir richtig froh, wir atmen erleichtert auf.
Könnt ihr euch vorstellen, dass es auch im Leben mit Gott Abenteuer gibt? Ja, es gibt Menschen, die das erlebt haben. Es gibt solche Abenteurer Gottes.

Die 1. bis 3. Strophe des Liedes »Abenteurer Gottes« wird gesungen.

Lied: Abenteurer Gottes

MC/CD 3

2. Gott sprach zu Abraham: Verlass dein Land!
   Deine Familie wird zahlreich sein wie Sand!
   Doch Sara lachte:
   Ein Kind schon ziemlich bald?
   Wie kann das sein? Ich bin doch viel zu alt!

Refrain

3. Gott sprach zu Mose: Führ mein Volk heraus
   ins Land der Freiheit aus dem Sklavenhaus!
   Das Volk, das murrte:
   Was sollen wir nur tun?
   Hier in der Wüste kommen alle um!

Refrain

4. Gott sprach: Maria, ich habe dich erwählt,
   du sollst gebären den Retter dieser Welt!
   Die Menschen dachten:
   Kann das wirklich sein,
   Gott kommt zu uns
   und wird ein Kind so klein?

Refrain

T und M: Wilfried Röhrig
Aus: MC/CD Willkommen hier in meinem Haus
Rechte: rigma Musikverlag, Viernheim

Thematische Erschließung 2

L spricht:
Von drei Abenteurern Gottes haben wir in dem Lied gehört, von Noach, Abraham und Mose.
Worin bestand für sie das Abenteuer mit Gott?
Jeweils zuerst das entsprechende Bild aufhängen und dann die Kinder zusammentragen lassen, worin das Abenteuer mit Gott bestand:

Noach:	Er soll eine Arche bauen. Bald wird eine riesengroße Flut kommen. Obwohl die anderen Menschen darüber lachen, vertraut Noach dem Wort Gottes und baut ein Schiff.
Abraham und Sara:	Gott verheißt den beiden ein neues Land und zahlreiche Nachkommen. Doch wie soll das geschehen, beide sind schon alt?! Sie zweifeln und vertrauen doch.

Mose und das Volk Israel: Mose soll das Volk Israel aus der Knecht-
schaft in Ägypten ins verheißene Land
führen. Der Weg durch die Wüste ist
beschwerlich, hart und manchmal gefährlich. Wäre es nicht besser gewesen, in
Ägypten an den Fleischtöpfen zu bleiben?
Ist das Abenteuer mit Gott nicht zu
gefährlich?

L spricht:
*Wir hören jetzt ein weiteres Beispiel aus der Heiligen Schrift. Ohne
diese Person, die sich auf ein ganz großes Abenteuer mit Gott eingelas-
sen hat, würde es Weihnachten, das Fest der Geburt Jesu, gar nicht
geben.*

Evangelium (nach Lk 1,26–38)

Der Engel Gabriel, ein Bote Gottes, wurde von Gott in eine Stadt in
Galiläa namens Nazaret zu einer Jungfrau gesandt. Sie war mit einem
Mann namens Josef verlobt. Der Name der Jungfrau war Maria. Der
Engel trat bei ihr ein und sagte: »Sei gegrüßt, Maria, du bist begnadet.
Der Herr ist mit dir.« Sie erschrak über die Anrede und überlegte, was
dieser Gruß zu bedeuten habe. Da sagte der Engel Gabriel zu ihr:
»Fürchte dich nicht, Maria, denn Gott ist mit dir. Du wirst ein Kind
empfangen, einen Sohn wirst du zur Welt bringen. Du sollst ihm den
Namen Jesus geben. Er wird groß sein. Seine Herrschaft wird kein
Ende haben.« Maria sagte zu Gabriel: »Wie soll das geschehen, da ich
mit keinem Mann zusammenlebe?« Der Engel Gabriel antwortete ihr:
»Der Heilige Geist wird über dich kommen und die Kraft Gottes
wird dich erfüllen. Deshalb wird auch das Kind heilig sein und Sohn
Gottes genannt werden. Auch Elisabet, deine Verwandte, hat einen
Sohn empfangen, obwohl alle dachten, sie könne keine Kinder
bekommen. Jetzt ist sie schon im sechsten Monat schwanger. Für
Gott ist nichts unmöglich.« Da sagte Maria: »Ich will Gott dienen.
Mir geschehe, wie du es gesagt hast.« Danach verließ sie der Engel.

Thematische Erschließung 3

Das Bild mit der Verkündigungsszene wird aufgehängt. Im Gespräch
mit den Kindern könnten folgende Aspekte thematisiert werden:

- Auf welches Abenteuer mit Gott soll sich Maria einlassen?
  Maria, eine einfache und unscheinbare junge Frau, soll den Sohn
  Gottes empfangen und zur Welt bringen.
- Wie reagiert Maria?
  Sie fragt nach: Wie soll das geschehen?
  Sie sagt Ja zum Willen Gottes, auch wenn es für sie ein Geheimnis
  bleibt. Sie wagt es, auch wenn die Schwierigkeiten nicht ausbleiben:
  Wie soll sie es Josef, ihrem Verlobten, erklären? Wird er ihr glau-
  ben? Wird er zu ihr halten? Wie reagieren die Eltern, die Bekann-
  ten, die Freunde?

Lied: Abenteurer Gottes, 4. Strophe

Fürbitten

Gott, Du hast schon immer Abenteurer gesucht: Noach, den die anderen auslachten, als er eine Arche baute; Abraham und Sara, die ihre
Heimat verließen, denen du ein neues Land und Nachkommen versprochen hast; Mose, der das Volk Israel auf dem Weg durch die
Wüste führte; Maria, die Jesus, Deinen Sohn empfangen und zur Welt
bringen sollte. Wir bitten Dich:

Lass uns wie Noach, Abrahm und Sara, Mose und Maria offen sein
für Dein Wort und Deine Verheißung an uns!
Gott, der Du das Gute für uns willst: Wir bitten Dich, erhöre uns!

Lass uns in Augenblicken der Stille, gerade jetzt im Advent, danach
fragen, was Du von uns möchtest, was anderen und uns gut tut!
Gott, der Du das Gute für uns willst: Wir bitten Dich, erhöre uns!

Schenke uns, wenn wir zweifeln, Mut und Vertrauen!
Gott, der Du das Gute für uns willst: Wir bitten Dich, erhöre uns!

Lass viele Menschen zu Dir finden!
Gott, der Du das Gute für uns willst: Wir bitten Dich, erhöre uns!

Gebet

Guter Gott, Du willst uns nahe sein.
Im Advent wollen wir
uns auf das Fest der Geburt Deines Sohnes vorbereiten.

Wir wollen neu einüben,
auf Dein Wort und Deine Stimme zu hören.
Du suchst auch heute Menschen,
die sich auf Dich einlassen und Dir vertrauen.
Das kann spannend werden
wie ein Abenteuer.
Doch mit Dir können wir es wagen.
Amen.

Segen

Lied: Ohr, das den Ruf vernahm

2. Haus, das den Sohn umfing.
   Tür, durch die Gnade ging.
   Frau, sei uns Menschen nah, hilf, Maria.
   Straße, die zu Gott uns lenkt.
   Brücke, die Versöhnung schenkt.
   Frau, sei uns Menschen nah, hilf, Maria.

3. Stern in der dunklen Nacht.
   Licht, das den Tag gebracht.
   Frau, sei uns Menschen nah, hilf, Maria.
   Sonne, die das Leben bringt.
   Regen, der die Welt durchdringt.
   Frau, sei uns Menschen nah, hilf, Maria.

4. Hand, die den Armen schützt.
   Arm, der den Schwachen stützt.
   Frau, sei uns Menschen nah, hilf, Maria.
   Schwester, die von Gott geliebt,
   bitte, dass er Heil uns gibt.
   Frau, sei uns Menschen nah, hilf, Maria.

T: Klemens Ullmann   M: Peter Janssens
Aus: Neues Lied im Alten Land, 1974
Rechte: Peter Janssens Musik Verlag, Telgte

4 Wir machen den Weg frei

Alter: 10–12 Jahre

Thema:
Kirchenjahr: Advent
Johannes der Täufer

Bibelstellen:
Mt 3,1–12   Johannes der Täufer
Jes 40,3   »Eine Stimme ruft: Bahnt für den Herrn einen Weg ...«

Hinführung

Einige Aspekte des Advent sollen uns neu bewusst werden unter den
Stichworten »Weg« und »Freimachen des Weges«:
Advent: Gott kommt zu uns, er kommt uns entgegen, er will unter
uns sein.
Advent: dem Herrn den Weg bereiten in uns.
Advent: dem Herrn den Weg bereiten unter uns.
Beispielhaft deutlich wird das an der Gestalt Johannes des Täufers und
seiner Botschaft: »Bereitet dem Herrn den Weg!«

Materialien

• Mehrere braune Tücher, eine Kerze
• Fernseher oder Computerbildschirm, große Uhr, Lautsprecherbox,
  zerrissenes Tuch.

Lied: Wir sagen euch an
(Troubadour 351)

Gebet

Herr Jesus Christus,
wir stehen in der Zeit des Advent.
In wenigen Wochen ist Weihnachten.
Auf dieses Fest wollen wir uns vorbereiten.
Du willst zu uns Menschen kommen.
Wir wollen Dir den Weg bereiten in unseren Herzen.

Wir wollen Dir den Weg bereiten in unseren Gedanken
und in unserem Tun.
Hilf uns, bereit zu sein, wenn Du kommst.
Amen.

Thematische Erschließung 1

Mit den braunen Tüchern auf dem Boden einen Weg legen; die Kerze
an das Ende stellen und anzünden.
L spricht:
*Jesus ist das Licht. Er will zu uns kommen. Der Weg zwischen ihm
und uns, das ist die Adventszeit. Doch dieser Weg ist nicht frei von
Steinen und Hindernissen. Manches versperrt den Zugang Jesu zu uns
und unseren Weg zu ihm, Jesus, dem Licht.*
Da gibt es viele Ablenkungen.
Der Fernseher oder das Computerteil wird auf den Weg gelegt.
Da gibt es Hetze und Hektik.
Die Uhr wird auf den Weg gelegt.
Da gibt es Lärm.
Der Lautsprecher wird auf den Weg gelegt.
Da gibt es Streit.
Das zerrissene Tuch wird auf den Weg gelegt.

Evangelium (nach Mt 3,1 – 12)

Noch bevor Jesus begann, Menschen zu heilen und von der Liebe
Gottes zu predigen, trat Johannes der Täufer auf. Johannes war ein
eigenartiger Mann: Er lebte in der Wüste. Er trug ein Gewand aus
Kamelhaaren und einen ledernen Gürtel um die Hüften. Er ernährte
sich von Heuschrecken und wildem Honig.
Die Leute von Jerusalem und der ganzen Umgebung zogen zu ihm
hinaus in die Wüste und an den Jordan.
Johannes sagte zu ihnen: »Kehrt um! Ändert euer Leben, denn das
Himmelreich ist nahe! Meint nicht, ihr seid schon gerettet, nur weil
ihr zum auserwählten Volk gehört. Jedem von euch wird es ergehen
wie einem Baum. Wer Frucht bringt, wird gerettet werden. Jeder
Baum, der keine Frucht bringt, wird umgehauen und ins Feuer geworfen.«
Viele beherzigten seine Worte, bekannten ihre Sünden und ließen sich
von ihm taufen. Sie sagten: »Er ist es, von dem der Prophet Jesaja

einst gesagt hat: ›Eine Stimme ruft in der Wüste: Bereitet dem Herrn den Weg! Ebnet ihm die Straßen!‹«

Thematische Erschließung 2

Zwei Mitarbeiterinnen oder größere Kinder spielen den folgenden Dialog »Adventsweg«:

Julia: Hallo, Petra! Meine Schwester hat mir erzählt, dass ihr in eurem Wohnzimmer Kieselsteine auf dem Schrank liegen habt. Was soll das denn sein?

Petra: Das ist unser »Adventsweg«.

Julia: Wie seid ihr denn auf diese Idee gekommen?

Petra: Wir haben zu Hause die Geschichte von Johannes dem Täufer gelesen. Er lebte zur Zeit Jesu und predigte am Jordan wie einer der großen Propheten. Stell dir vor, er soll sich von Heuschrecken und wildem Honig ernährt haben.

Julia: Ih! – Und weiter?

Petra: In Scharen zogen die Leute von Jerusalem und überallher an den Jordan, um Johannes zu hören. Er hat sie zum Umkehren aufgerufen. Viele bekehrten sich und ließen sich von Johannes im Jordan taufen. Und denen sagte er: »Bringt Frucht hervor, die eure Umkehr zeigt!« Die Menschen, die ihn gesehen und gehört haben, dachten, dass er der »Rufer« ist, von dem schon der Prophet Jesaja vor vielen hundert Jahren gesprochen hatte: »Eine Stimme ruft in der Wüste: ›Bereitet dem Herrn den Weg, ebnet ihm die Straßen! Die Täler sollt ihr auffüllen und die Berge abtragen! Was krumm ist, soll gerade, was holprig ist, zu ebenem Weg werden. Denn der Messias kommt! Gott will den Menschen ganz nahe sein!‹« Damals haben viele Menschen ihr Leben geändert.

Julia: Und was hat das mit eurem Adventsweg zu tun?

Petra: Wir haben darüber gesprochen, dass Johannes den Messias angekündigt hat. Und in der Adventszeit wird uns von neuem die Ankunft Jesu verkündet.

Julia: Und jetzt wollt ihr in der Adventszeit Straßen gerade machen, Täler auffüllen und Berge abtragen? Wie soll das denn gehen?

Petra: Überleg doch mal! In der Familie, in der Schule und mit Freunden und Bekannten gibt es doch »krumme Wege«,

»Berge«, die uns behindern, »Steine«, die im Weg liegen, »Hindernisse«, die sich auftürmen, »Kluften«, über die wir nicht wegkommen.

Julia: So ähnlich wie die Dinge hier auf dem Boden.

Petra: Ja, und so ebnen wir jetzt den Weg zur Krippe, wie Johannes gesagt hat: »Bereitet dem Herrn den Weg«.

Julia: »Krumme Wege«, »Berge« und »Kluften«, das heißt doch auch, dass wir oft keine Zeit füreinander haben, dass der ganze Rummel und Lärm uns vormacht, dass Weihnachten nur aus Äußerlichkeiten besteht.

Petra: Genau. Deswegen legen wir immer einen Stein an den Rand zu unserem Weg, wenn wir uns in der Familie Zeit nehmen, um miteinander zu sprechen, um Advent, den Nikolausabend oder die Sonntage zu feiern. Einen Stein hat meine Mutter dazugelegt, weil sie jetzt wieder gut mit unserer Nachbarin auskommt – da war wohl ein schwerer Brocken im Weg. Mein Bruder hat auch schon einen Stein dazugelegt, weil er einem Klassenkameraden helfen konnte, für die Mathearbeit zu üben. Und ich habe gestern Abend den Fernseher mal ausgelassen und in einem Buch gelesen.

Julia: Das wird bestimmt ein guter Weg durch den Advent.

Petra: Und es macht Spaß sich auszudenken wo »krumme Straßen«, »Berge« und »Hügel« sind, wo die Hindernisse liegen und wie wir den Weg hin zu Weihnachten frei machen können, damit Jesus zu uns kommen kann.

Aus: Wir sagen euch an: Advent. Ein Kalender für die Advents- und Weihnachtszeit, hrsg. Bistum Essen, Dezernat für pastorale Dienste, 1983.

Lied: Wir machen den Weg frei   MC/CD 4

Wir zün-den ein Licht an in un-se-ren Häu - sern, in un-se-ren Stra - ßen: Gott ist uns nah.

1. Gren-zen und Mau - ern fal - len zwischen Jung und Alt; wir fan - gen an zu sin - gen: Freut euch mit uns, denn der Herr kommt bald!

2. Gräben und Risse verschwinden
zwischen Groß und Klein;
wir fangen an zu tanzen:
Christus, der Herr,
er will bei uns sein!

T und M: Wilfried Röhrig
Aus: MC/CD Willkommen hier in meinem Haus
Rechte: rigma Musikverlag, Viernheim

Fürbitten

Herr Jesus Christus, der Weg von Dir zu uns ist oft versperrt. Wir bitten Dich:

Hilf uns, die Steine des Streites und der Feindschaft aus dem Weg zu räumen durch Zeichen der Versöhnung!
Christus, der Du zu uns unterwegs bist: Wir bitten Dich, erhöre uns!

Hilf uns, die Kluften des Lärms und der Hektik zu überbrücken durch Zeiten der Ruhe und Stille!
Christus, der Du zu uns unterwegs bist: Wir bitten Dich, erhöre uns!

Hilf uns, die krummen Wege der Ablenkung und Zerstreuung zu umgehen durch Augenblicke der Besinnung und des Innehaltens!
Christus, der Du zu uns unterwegs bist: Wir bitten Dich, erhöre uns!

Hilf uns, die Berge der Trägheit und Bequemlichkeit zu überwinden durch Schritte des Tuns und Handelns!
Christus, der Du zu uns unterwegs bist: Wir bitten Dich, erhöre uns!

Gebet

Herr Jesus Christus,
wir haben heute von der Botschaft des Johannes gehört.
Deine größte Freude ist es, zu uns zu kommen.
Hilf uns, die Berge abzutragen und die Täler zu füllen.
Hilf uns, die Hindernisse beiseite zu räumen
und Dir den Weg zu bereiten.
Dann kann es Weihnachten werden.
Dann findest Du einen Platz
bei uns Menschen und in unseren Herzen.
Amen.

Segen

Lied: Wenn unsre Kerze brennt

1. Wenn unsre Kerze brennt, dann feiern wir Advent. Es sagt das Licht mit seinem Schein: Gott wird stets bei uns sein. Wir feiern den Advent. Wir feiern den Advent.

2. Wir machen uns bereit
   jetzt für die Weihnachtszeit,
   als Gottes Sohn zur Welt gebracht
   in einer dunklen Nacht.
   Wir machen uns bereit.
   Wir machen uns bereit.

3. Da kam das Licht herein
   zu uns mit seinem Schein.
   Wir freun uns, wenn die Kerze brennt
   und feiern den Advent.
   Wir feiern den Advent.
   Wir feiern den Advent.

T. Rolf Krenzer   M: Ludger Edelkotter
Aus: Wir feiern heut' ein Fest
Rechte: Impulse Musikverlag, Drensteinfurt

5   Macht die Türen auf!

Alter: 6–8 Jahre

Thema:
Symbol »Tür«
Kirchenjahr: Advent

Bibelstellen:
Offb 3,20   **»Ich stehe vor der Tür und klopfe an.«**
Jes 8,17   »Ich will auf den Herrn warten ...«

Hinführung

Im Mittelpunkt des Gottesdienstes steht das Symbol der *Tür*.
Wir wollen erleben, wie es ist, vor verschlossenen Türen zu stehen.
Wir wollen erleben, wie es ist, wenn sich eine Tür öffnet und wir eintreten können.
Wir wollen erleben, wie gut es tut, wenn in dem Raum ein Licht aufscheint.
Dieses äußere Geschehen und Erleben soll uns deutlich machen, worum es im *Advent* geht: Jesus möchte zu uns kommen. Er klopft an unsere Türen. Wir sollten ihm unsere Herzen öffnen, uns die Hände reichen, unsere Augen, Ohren und Lippen öffnen und ihn mit seinem Licht einlassen. Dieses Licht können wir dann in unsere Welt hinaustragen.

Vorbereitungen

Wir versammeln uns vor dem Hauptportal der Kirche.

Thematische Erschließung 1a

Das Lied »Macht die Türen auf, macht die Herzen weit« (mit geändertem und auf den Advent bezogenem Text) bildet den Rahmen für den ersten Teiles des Gottesdienstes. Der Refrain thematisiert den Kerngedanken, die Strophen beschreiben einzelne Schritte.
Wir wollen die Kirche betreten, aber die Türen sind verschlossen.

Die 1. Stophe des Liedes »Macht die Türen auf«wird gesungen.

Lied: Macht die Türen auf, macht die Herzen weit

1. Man-che Tür, man-che Tür bleibt ganz fest ver - sperrt,

weil kein Mensch, weil kein Mensch auf das Klop-fen hört.

Refrain: Macht die Tü - ren auf, macht die Her - zen weit,

und ver - schließt euch nicht, bald ist Weih-nachts - zeit.

2. Eine Tür, eine Tür
   tut sich plötzlich auf.
   Und in uns, und in uns
   bricht die Freude auf.

Refrain

3. Schaut mal dort, schaut mal dort
   die hellen Kerzen an!
   Gottes Licht, Gottes Licht
   uns verwandeln kann.

Refrain

4. Tragt das Licht, tragt das Licht
   in die Welt hinaus,
   dass es scheint, dass es scheint
   hinein in jedes Haus!

Refrain

T: Wolfgang Longardt, geändert von Wilfried Röhrig   M: Detlev Jöcker
Musikrechte: Menschenkinder Verlag, Münster

Thematische Erschließung 1b

Wir gehen um die ganze Kirche und suchen nach einer offenen Tür.
Eine der Seitentüren ist offen. Dort bleiben wir stehen.

Lied: Macht die Türen auf, Strophe 2

Wir betreten die Kirche. Die Kirche ist dunkel, kein Licht leuchtet,
keine Kerze brennt. Wir setzen uns.

Gebet

Guter Gott,
heute haben wir vor den Türen deines Hauses gestanden.
Alle waren verschlossen.
Aber eine Tür war offen.
So sind wir hier hereingekommen.
Hier ist es jetzt noch dunkel.
Auch in unserem Leben ist es nicht immer hell,
weil wir uns ärgern, weil wir uns streiten,
weil wir jemanden nicht mögen,
weil wir andere Kinder nicht mitspielen lassen.
Hilf uns, dass wir die Türen zu unseren Herzen weit öffnen.
Dann wird es ganz hell und warm,
in unserem Haus und in unseren Herzen.
Amen.

Thematische Erschließung 1c

Kerzen am Adventskranz und am Altar anzünden.

Lied: Macht die Türen auf, Strophe 3 und 4

Lesung (nach Offb 3,20)

Gott spricht: »Ich stehe vor der Tür und klopfe an. Wer meine Stimme
hört und die Tür öffnet, bei dem werde ich eintreten. Wir werden
Mahl halten, ich mit ihm und er mit mir.«

Thematische Erschließung 2

Es klingelt an der Wohnungstür/ Haustür (Gong oder Klingel ertönt).
L spricht:
Wer mag wohl da sein? Hat sich jemand angesagt? Wir sind ganz
gespannt, wenn wir zur Tür gehen und öffnen. Es gibt nicht nur plötz-
liche und unerwartete Besuche. Manchmal kündigt sich der Besuch
auch an: Wir haben Geburtstag und unser Patenonkel gibt Bescheid,
dass er kommen wird. Eine befreundete Familie ruft an und möchte
uns in einigen Wochen mal wieder gerne besuchen.
Auf solche Besuche bereiten wir uns vor: Kuchen wird gebacken, die
Wohnung wird aufgeräumt, wir ziehen uns entsprechend an.
Bald feiern wir ein großes Fest: Weihnachten, die Geburt Jesu. Jesus
klopft bei uns an. Er möchte, dass wir uns öffnen und er bei uns ein-
treten kann.
Er möchte, dass wir unsere Herzen öffnen, unsere Hände, unsere
Augen, unsere Ohren und unsere Lippen.

Lied: Unser Herr ist nah   MC/CD 5

43

2. Wir reichen uns die Hände,
   begraben allen Streit.
   Jesus Christus, unser Herr, ist nah.

3. Wir öffnen unsre Augen
   und schaun einander an.
   Jesus Christus, unser Herr, ist nah.

4. Wir öffnen unsre Ohren
   und hören auf sein Wort.
   Jesus Christus, unser Herr, ist nah.

5. Wir öffnen unsre Lippen
   und rufen es hinaus:
   Jesus Christus, unser Herr, ist nah.

T und M: Wilfried Röhrig
Aus: MC/CD Willkommen hier in meinem Haus
Rechte: rigma Musiverlag, Viernheim

Alle versammeln sich um den Altar und singen das Lied mit den entsprechenden Bewegungen:

Text:	*Bewegungen:*
Wir öffnen unsre Herzen ...	*Beide Hände öffnen und nach vorne halten wie eine offene Schale*
Wir reichen uns die Hände ...	*Den Nachbarn links und rechts die Hand geben*
Wir öffnen unsre Augen ...	*Erst beide Augen mit den Händen bedecken, dann Hände wegnehmen und einander anschauen (vorne, hinten, rechts, links)*
Wir öffnen unsre Ohren ...	*Hände an die Ohren anlegen*
Wir öffnen unsre Lippen ...	*Mit den Händen um den Mund einen Trichter bilden*

Fürbitten

Guter Gott,
im Advent wollen wir uns vorbereiten auf das Weihnachtsfest. Wir wollen offen werden für Dich und Deinen Sohn. Wir bitten Dich:

Gib uns ein offenes Ohr für die Traurigen!
Guter Gott: Wir bitten Dich, erhöre uns!

Gib uns ein offenes Herz für Notleidende!
Guter Gott: Wir bitten Dich, erhöre uns!

Gib uns offene Hände zur Versöhnung, wenn wir miteinander gestritten haben!
Guter Gott: Wir bitten Dich, erhöre uns!

Gib uns offene Augen, damit wir sehen, wo unsere Hilfe nötig ist!
Guter Gott: Wir bitten Dich, erhöre uns!

Gib uns einen offenen Mund, um unsere Freude zu zeigen und Dich zu loben!
Guter Gott: Wir bitten Dich, erhöre uns!

Gebet

Lieber Gott,
Du schenkst uns Jesus.
Er ist das Licht der Welt.
Er macht unsere Dunkelheit hell.
Er will mit seinem Licht
in den Herzen aller Menschen wohnen.
Hilf uns, offen zu sein für ihn!
Hilf uns, sein Licht in die Welt zu tragen.
Amen.

Segen

Lied: Jetzt ist es wieder höchste Zeit

1. Jetzt ist es wie - der höchs - te Zeit. Jetzt muss es bald ge-
sche - hen. Lasst doch den Heil - land die-ser Welt

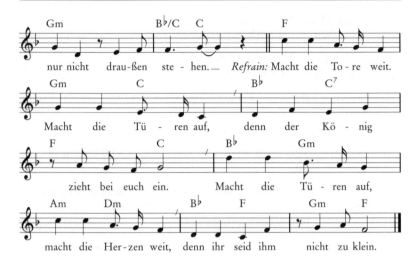

nur nicht drau-ßen ste - hen. — *Refrain:* Macht die To - re weit.

Macht die Tü - ren auf, denn der Kö - nig

zieht bei euch ein. Macht die Tü - ren auf,

macht die Her-zen weit, denn ihr seid ihm nicht zu klein.

2. Sagt ihm doch, was ihr von ihm wollt.
   Er wird es euch gern geben.
   Er bringt für alle Liebe mit
   und schenkt euch das Leben.

Refrain

3. Immer neu wird Gott der Herr
   liebend zu uns kommen,
   denn er hat ja lange schon
   bei uns Platz genommen.

Refrain

T: Johannes Jourdan   M: Hella Heizmann
Aus: Kommt, singt mit uns
Rechte: Hänssler Verlag, Neuhausen-Stuttgart

6   Du und ich – ein guter Baum

Alter: 8 – 10 Jahre

Thema:
Jahreskreis: Frühling
Baum – Symbol für unser Leben
Auf Gott vertrauen

Bibelstellen:

Ps 1,1 – 3	**»Wohl dem Menschen, ...«**
Ps 52,10	«... wie ein grünender Ölbaum«
Ps 92,13 – 16	»Der Gerechte gedeiht wie die Palme, ...«
Jer 17,7 8	»Gesegnet der Mensch, der auf den Herrn sich verlässt ...«
Mk 4,30 – 32	Gleichnis vom Senfkorn
Mt 12,33	»An den Früchten also erkennt man den Baum.«

Hinführung

Ausgangspunkt und Hintergrund ist der *Frühling* als Jahreszeit, das Erwachen der Natur, vor allem das Grünen der Bäume.
Wir wollen den *Baum* verstehen und betrachten lernen als Symbol für unser individuelles Leben, für jeden Einzelnen von uns: die Wurzeln, den Stamm, die Äste und Zweige, die wachsenden und reifenden Früchte. Wir wollen den Baum verstehen und betrachten als Symbol für unser Leben in Gemeinschaft: Zeit und Liebe teilen, einander halten und stützen, Grenzen überwinden, Zärtlichkeit verschenken, Hoffnung und Vertrauen – auch als »himmlische« Gaben und Früchte.
Wir wollen bedenken, was die Bibel uns sagt: Ein Mensch, der sich auf Gott verlässt, er ist wie ein Baum am Wasser gepflanzt ...

Materialien

Lange bunte Streifen aus Krepppapier.

Lied: Es läuten alle Glocken
(Troubadour 393)

Gebet

Guten Morgen, lieber Gott.
Auf den Feldern und Wiesen und in den Gärten
fängt es an zu grünen und zu blühen.
Der Frühling ist erwacht
und schenkt den Pflanzen neues Leben.
Das ist toll!
Du hast gesagt: Ich will immer bei euch sein.
Du bist besonders dann bei uns,
wenn wir hier singen und beten.
Wir sind jetzt in Deinem Haus.
Hier bist Du ganz nah bei uns.
Du siehst uns und du hörst uns.
Wir freuen uns, dass wir hier bei Dir sind.
Wir freuen uns, dass Du uns neues Leben,
Freude und Zuversicht schenkst. Amen.

Thematische Erschließung 1

L führt durch die folgende Körpermeditation »Ich bin wie ein Baum«.
Sprechpausen sind durch Leerzeilen gekennzeichnet.

Wir stellen uns ...
Wir schließen unsere Augen ...
Wir werden ganz ruhig ...

Ich stelle mir vor: Ich bin ein Baum.
Meine Füße sind die Wurzeln.
Mit ihnen bin ich fest im Boden verankert.
Sie halten mich, auch wenn ein Sturm kommt ...

Meine Beine und der Rumpf sind der Stamm.
Sie richten mich auf, lassen mich groß und fest sein ...

Meine Arme und Finger sind die Äste und Zweige.
Sie strecken sich nach außen und nach oben,
dem Himmel und der Sonne entgegen ...

Wenn ein starker Wind kommt,
bewegen sich meine Äste und Zweige,
ich schwanke zur Seite und wieder zurück ...

Weht nur ein schwacher Wind,
bewege ich mich nur ganz sachte ...

Scheint die Sonne vom Himmel,
freue ich mich über die hellen Strahlen und die Wärme ...

Fällt Regen, neigen sich meine Blätter.
Das Wasser wird mir neue Kraft geben ...

Ein Baum ist schön und wie ein Zeichen.
Wir Menschen können Bäumen gleichen.

Lesung (nach Ps 1,1–3)

Die Heilige Schrift vergleicht einen Menschen, der Gott vertraut, mit
einem Baum. So lesen wir in einem alten Lied des Volkes Israel:
Wohl dem Menschen, der nicht auf den Rat schlechter Menschen hört,
der nicht dem Beispiel von Bösewichten folgt,
der nicht bei denen sitzt, die sich über andere lustig machen.
Wohl dem Menschen, der Freude hat an dem Wort Gottes,
der darüber nachdenkt und überlegt, was es bedeutet
und wie er es leben kann.
Er ist wie ein Baum, der am Wasser gepflanzt ist,
der zur rechten Zeit Frucht bringt
und dessen Blätter nicht welken.
Alles, was er tut, wird ihm gut gelingen.

Thematische Erschließung 2

An alle Kinder werden bunte Streifen aus Krepppapier ausgeteilt.
Wir stellen uns in einem großen Kreis auf.
Mit unseren bunten Streifen wollen wir am Boden einen Baum legen:
Die Wurzeln sind dunkel und schwarz.
Der dicke Stamm und die Äste sind braun.
Die Blätter an den Ästen und Zweigen sind grün.
Die Knospen, die zu guten Früchten reifen werden, sind weiß und
orange.
Die Sonne lacht oben am Himmel und schickt ihre gelben, warmen
Strahlen.
Der Regen fällt vom Himmel und sammelt sich in der Erde (blau).

Thematische Erschließung 3

L spricht:

Ein Baum ist schön und wie ein Zeichen.
Wir Menschen können Bäumen gleichen.
Die Wurzeln greifen tief nach innen,
um Halt im Erdreich zu gewinnen.
Sie trotzen jedem Wind und Wetter
und tragen Stamm, Geäst und Blätter.
Wenn wir miteinander verbunden leben,
dann können wir uns Halt und Stärke geben.
Ein Baum am Wasser kann gedeihen,
hat frisches grünes Laub zum Freuen.
Er blüht und öffnet sich dem Lichte
Und bringt zu seiner Zeit viel Früchte.
Wenn wir mit Jesus verbunden leben,
wenn wir ihm folgen nach,
wird er uns Frucht und Freude geben.
Ein Baum ist wie ein Zeichen.
Wir Menschen können Bäumen gleichen.

Herkunft unbekannt

Lied: Ein guter Baum   MC/CD 6

1. Tie - fe Wur-zeln schla - gen, nach der Son - ne schaun,
   Zeit _ und Lie - be tei - len, bei - ei - nan - der sein,

   Luft _ und Wär - me at - - men, _ stark sein und ver-traun.
   tie - fe Wun-den hei - - len, _ Halt und Stüt-ze sein.

Stets— nach o - ben wach - sen,   bunt— sein wie ein Traum,
Küh - len Schat-ten spen - den,   ei - nen Le-bens-raum,

fri - sche Knos-pen trei – – ben—— wie— ein gu-ter Baum.
gu - te Früch-te tra – – gen—— wie— ein gu-ter Baum.

Du und ich,   Früh-ling und

Som - mer,   ein gu - ter Baum.

2. Grenzen überwinden,
   über Mauer sehn,
   neue Wege finden,
   ein Freudenfest begehn.
   Zärtlichkeit verschenken,
   Hoffnung und Vertraun,
   des Himmels gute Früchte
   wie ein guter Baum.
   Du und ich, Herbst und Winter,
   ein guter Baum.

T und M: Wilfried Röhrig
Aus: MC/CD Willkommen hier in meinem Haus
Rechte: rigma Musikverlag, Viernheim

Fürbitten

Guter Gott,
Du lässt uns leben und wachsen. Wir bitten Dich:

Schenke uns starke und tiefe Wurzeln!
Gott, Du Urheber des Lebens: Wir bitten Dich, erhöre uns!

Lass uns einander helfen und stützen!
Gott, Du Urheber des Lebens: Wir bitten Dich, erhöre uns!

Lass uns nach oben wachsen, Dir entgegen!
Gott, Du Urheber des Lebens: Wir bitten Dich, erhöre uns!

Hilf uns, gute Früchte zu tragen: Freude, Zärtlichkeit, Hoffnung und
Vertrauen!
Gott, Du Urheber des Lebens: Wir bitten Dich, erhöre uns!

Vater unser

Gebet

Guter Gott,
wir sind wie ein Baum.
Du gibst uns die Kraft
zum Wachsen und zum Leben.
Wir haben tiefe Wurzeln.
Wir haben einen festen Stamm.
Wir haben Äste und Zweige,
die sich nach dir ausstrecken.
Wir haben Blätter und Früchte,
die zu Dir wachsen.
Lass uns mit Dir verbunden bleiben.
Amen.

Segen

Lied: Wer sich auf Gott verlässt

1. Wer sich auf Gott verlässt, auf Gott, den Herrn, allein, der ist wie ein Baum am Wasser gepflanzt.

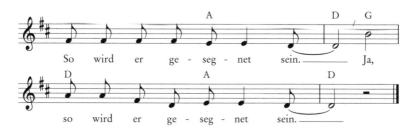

So wird er ge-seg-net sein. Ja,
so wird er ge-seg-net sein.

2. Wer sich auf Gott verlässt,
   auf Gott, den Herrn, allein,
   der ist wie ein frisches Blatt an dem Baum.
   So wird er gesegnet sein.
   Ja, so wird er gesegnet sein.

3. Wer sich auf Gott verlässt,
   auf Gott, den Herrn, allein,
   der ist wie ein Vogelkind im Nest.
   So wird er gesegnet sein.
   Ja, so wird er gesegnet sein.

4. Wer sich auf Gott verlässt,
   auf Gott, den Herrn, allein,
   der ist wie die Blume, die zart erblüht.
   So wird er gesegnet sein.
   Ja, so wird er gesegnet sein.

T: Rolf Krenzer   M: Detlev Jöcker
Aus: Deine Welt ist meine Welt
Rechte: Menschenkinder Verlag, Münster

7 Wir sind die Kinder der Arche Noah

Alter: 6–8 Jahre

Thema:
»Arche«: da, wo wir zu Hause sind
Regenbogen: Gott ist mit uns
Noach: Gottes Wort hören
Gemeinschaft erleben und schenken
Ja zum Leben sagen
Gottes Schöpfung bewahren

Bibelstellen:
Gen 6,1–9,29   Noach

Hinführung

Das Arche Noah-Lied und der gesamte Gottesdienst stehen unter zwei thematischen Schwerpunkten:
Zunächst geht es um die *Arche;* sie ist zu verstehen als Ort des Geborgen- und Geschütztseins, als Zuhause (ursprünglich war das Lied ja entstanden für die Kinder eines Viernheimer Kindergartens anlässlich eines Jubiläumsfestes). Mit der Arche kann die ganze Welt gemeint sein. Wir sind »Kinder der einen Erde«. Sie soll allen Menschen ein Zuhause geben.
Über der Arche, über uns und unserem Leben steht der *Regenbogen* als Zeichen des Bundes: Gott ist mit uns. Dann geht es um die Person des Noach und was sie uns für das Leben in der Arche, in der kleinen und großen Welt sagen könnte (wobei es hier um ein pädagogisches und ethisches Anliegen geht ohne historisch-kritische »Absicherung« im Einzelnen): Gottes Wort hören, Gemeinschaft schenken und erleben, Ja zum Leben sagen, Gottes Schöpfung bewahren.

Vorbereitungen

Um das Sich-hinein-Versetzen in die Arche zu erleichtern, sollte die Sitzordnung entsprechend gestaltet sein. Die einfachste Lösung, falls Stühle vorhanden sind, ist das Stellen der Stühle in Form eines Schiffes. Sollte das nicht möglich sein, sollten sich die Gottesdienstbesucher so in die Bänke setzen, dass es in etwa ein großes Oval ergibt.

Lied: Du hast uns deine Welt geschenkt
(Troubadour 105)

Gebet

Guter Gott,
wir freuen uns an Deiner Schöpfung,
dem Himmel, der Sonne,
den Pflanzen, Blumen und Tieren.
Wir freuen uns an unserem Leben.
Wir freuen uns, dass es Menschen gibt,
die uns nahe sind und uns gern haben.
Du willst, dass wir sorgsam
mit den Dingen der Welt,
mit uns selbst
und mit den Menschen umgehen.
Schenke uns dazu
immer wieder Deine Kraft und Hilfe.
Amen.

Thematische Erschließung 1

L spricht:
Wir alle sind Kinder der Arche Noah, Große und Kleine. Wir sind in einem sicheren Schiff. Hier fühlen wir uns wohl. Hier geht es uns gut.

Arche Noah-Lied   MC/CD 7

Refrain: Wir sind die Kin-der der Ar-che No-ah, ja in der Ar-che sind wir zu Haus. Weil man uns lieb hat, weil wir ge-bor-gen sind, gehn wir voll Freu-de hier ein und aus. Ganz vie-le

2. So wie Noah die Liebe leben,
   Hände reichen, einander vergeben;
   Sorgen und Fragen im Herzen bedenken,
   Zeit zum Spielen, Erzählen schenken,
   jeden Tag neu.

Refrain

3. So wie Noah das Leben wagen,
   ja zueinander, zu mir selber sagen;
   Tiere und Pflanzen, die Bäume schützen,
   mit Herz und Verstand die Dinge benützen,
   jeden Tag neu.

Refrain

T und M: Wilfried Röhrig
Aus: MC/CD Willkommen hier in meinem Haus
Rechte: rigma Musikverlag, Viernheim

Zunächst wird der Refrain des Liedes miteinander gesungen und die
Bewegungen eingeübt:

Text:	*Bewegungen:*
Wir sind die Kinder ...	*klatschen (jede Viertelnote)*
Ganz viele Große,	*Hände nach oben strecken*
ganz viele Kleine, ...	*Hände nach unten halten*
Und über uns ein Regenbogen ...«	*Mit der rechten Hand einen gro-ßen Bogen beschreiben (von links nach rechts)*

Lesung (nach Gen 6,1 – 9,29)

Gott der Herr sah, dass auf der Erde die Schlechtigkeit der Menschen
zunahm. Ihre Gedanken und Taten waren böse. Allein Noach war ein
gerechter und aufrichtiger Mann. Er ging seinen Weg mit Gott.
Gott sprach zu Noach: »Mach dir eine Arche, ein großes Schiff aus
Holz. Ich will nämlich eine große Flut über die Erde bringen, um
alles Böse zu verderben. Geh in die Arche, du, deine Söhne, deine
Frau und die Frauen deiner Söhne! Von allem, was lebt, führe je zwei
in die Arche, damit sie mit dir am Leben bleiben; je ein männliches
und weibliches Tier sollen es sein. Nimm dir von allem Essbaren mit,
und leg dir einen Vorrat an! Dir und und ihnen soll es zur Nahrung
dienen.«
Noach tat alles genau so, wie Gott es ihm aufgetragen hatte. Er ging
also mit seinen Söhnen, seiner Frau und den Frauen seiner Söhne in
die Arche, bevor das Wasser der Flut kam. Und von den Tieren nahm
er je zwei mit. Dann kam die große Flut. Die Schleusen des Himmels
öffneten sich und das Wasser stieg und stieg, vierzig Tage lang. Alles

Leben ertrank in den gewaltigen Fluten. Übrig blieb nur Noach und was mit ihm in der Arche war.

Da dachte Gott an Noach und an alle Tiere in der Arche. Er ließ einen Wind über die Erde wehen und das Wasser sank allmählich. Der Regen vom Himmel ließ nach und das Wasser verlief sich.

Noach entfernte das Verdeck der Arche, blickte hinaus, und siehe: Die Erdoberfläche war trocken. Da sprach Gott zu Noach: »Komm heraus aus der Arche, du, deine Frau, deine Söhne und ihre Frauen und bring alle Tiere mit.« Da kam Noach heraus.

Dann sprach Gott zu Noach und seinen Söhnen: »Hiermit schließe ich meinen Bund mit euch und mit euren Nachkommen und mit allen Lebewesen auf der Erde. Meinen Bogen setze ich in die Wolken. Er soll das Bundeszeichen sein zwischen mir und der Erde.«

Thematische Erschließung 2

L spricht:

Wir haben von Noach gehört, vom Auftrag Gottes, vom Bau der Arche. Was können wir von Noach lernen?

Der weitere Verlauf orientiert sich inhaltlich an den Vorgaben der drei Strophen des Arche Noah-Liedes. Dabei wird jeweils kurz der Inhalt der jeweiligen Strophe vorgetragen mit den entsprechenden Bewegungen.

Text:	*Bewegungen:*
1. Strophe	
So wie Noah das Leise hören,	*Hände hinter die Ohren halten*
wenn Gott zu uns spricht, Seine Botschaft nicht stören;	*Finger auf den Mund legen*
wach sein und tiefer schauen, …	*Augen ganz weit öffnen*
2. Strophe	
So wie Noah die Liebe leben, Hände reichen, einander vergeben;	*Einander die Hände reichen*
Sorgen und Fragen im Herzen bedenken,	*Beide Hände auf das Herz legen*
Zeit zum Spielen, Erzählen schenken, …	*Hände geöffnet nach vorn halten*

3. Strophe

So wie Noah das Leben wagen, ja
zueinander, zu mir selber sagen;

*Den Nachbarn und mir selbst auf
die Schulter klopfen*

Tiere und Pflanzen, die Bäume
schützen,

*Hände »schützend« nach vorne
halten*

mit Herz und Verstand die Dinge
benützen ...

*Mit dem Zeigefinger auf das
Herz und dann auf die Stirn
deuten*

Vater unser

Fürbitten

Guter Gott, wir alle sind Deine Kinder. Du willst, dass es uns und
allen Menschen gut geht. Wir bitten Dich:

Lass uns wie Noach hören, wenn Du zu uns sprichst:
Guter Gott, wir bitten Dich, erhöre uns!

Lass uns wie Noach die Liebe leben und einander vergeben:
Guter Gott, wir bitten Dich, erhöre uns!

Lass uns wie Noach Zeit zum Spielen und Erzählen schenken:
Guter Gott, wir bitten Dich, erhöre uns!

Lass uns wie Noach ja zu uns selber sagen:
Guter Gott, wir bitten Dich, erhöre uns!

Lass uns wie Noach die Tiere und Pflanzen schützen:
Guter Gott, wir bitten Dich, erhöre uns!

Lass uns mit Herz und Verstand die Dinge unserer Welt benützen:
Guter Gott, wir bitten Dich, erhöre uns!

Lass uns nie vergessen, dass der Regenbogen Deines Bundes über
unserem Leben und unserer Erde steht:
Guter Gott, wir bitten Dich, erhöre uns!

Gebet

Guter Gott, wir danken Dir für unser Zusammensein.
Du warst mitten unter uns.
Lass uns jeden Tag daran denken,
dass Dein Regenbogen über unserem Leben steht.

Lass uns jeden Tag sorgsam
mit Deiner Schöpfung umgehen.
Lass uns aufeinander Rücksicht nehmen
und einander bestärken und stützen.
Amen.

Segen

Lied: Gott, dein guter Segen

1. Gott, dein gu - ter Se - gen ist wie ein gro - ßes

Zelt, hoch und weit, fest gespannt ü - ber uns - re Welt.

Refrain: Gu - ter Gott, ich bit - te dich: Schüt - ze und be - wah - re

mich. Lass mich un - ter dei - nem Se - gen

le - ben und ihn wei - ter - ge - ben. Blei - be bei uns al - le

Zeit, seg - ne uns, seg - ne uns,

denn der Weg ist weit. denn der Weg ist weit.

2. Gott, dein guter Segen ist wie ein helles Licht,
   leuchtet weit, alle Zeit in der Finsternis.
   Guter Gott, ich bitte dich:
   Leuchte und erhelle mich.
   Lass mich unter deinem Segen
   leben und ihn weitergeben.
   Bleibe bei uns alle Zeit,
   segne uns, segne uns,
   denn der Weg ist weit.

3. Gott, dein guter Segen ist wie des Freundes Hand,
   die mich hält, die mich führt in ein weites Land.
   Guter Gott, ich bitte dich:
   Führe und begleite mich.
   Lass mich unter deinem Segen
   leben und ihn weitergeben.
   Bleibe bei uns alle Zeit,
   segne uns, segne uns,
   denn der Weg ist weit.

4. Gott, dein guter Segen ist wie der sanfte Wind,
   der mich hebt, der mich trägt wie ein kleines Kind.
   Guter Gott, ich bitte dich:
   Stärke und erquicke mich.
   Lass mich unter deinem Segen
   leben und ihn weitergeben.
   Bleibe bei uns alle Zeit,
   segne uns, segne uns,
   denn der Weg ist weit.

T: Reinhard Bäcker   M: Detlev Jöcker
Aus: Viele kleine Leute
Rechte: Menschenkinder Verlag, Münster

8   Damit Vertrauen wächst

Alter: 6 – 8 Jahre

Thema:
Vertrauen erfahren und schenken
Gottes Vertrauen zu uns
Petrus' Vertrauen zu Jesus

Bibelstellen:

Mt 14,22 – 33	**Der Gang auf dem Wasser**
Ps 18,2 – 7.29 – 33	Davids Dankgebet
Ps 23	Der gute Hirt
Ps 34	Unter Gottes Schutz
Ps 91	Unter dem Schutz des Höchsten
Ps 121	Der Wächter Israels
Ps 139	Der Mensch vor dem allwissenden Gott

Hinführung

Wichtig und lebensnotwendig ist es, *Vertrauen* zu erfahren und zu schenken! Das gilt für *Eltern*, wenn sie die Liebe und die vertrauensvolle Umarmung ihrer *Kinder* spüren. Das gilt für die Kinder, die gelassen und innerlich stark werden, wenn sie erfahren: Mama und Papa halten ganz fest zu mir! Immer wieder gilt es, die Bande des Vertrauens zu knüpfen und zu stärken – gegen Enttäuschung und Unvermögen, Angst, Misstrauen und Resignation.
Und wie gut tut es uns, den »Großen« und den »Kleinen«, zu wissen und zu erfahren, dass wir gehalten und aufgehoben sind in *Gott*, durch alle Höhen und Tiefen hindurch. Das erfährt auch *Petrus* in der neutestamentlichen Perikope vom Gang auf dem Wasser.

Materialien

Doppelleiter

Lied: Du hast uns, Herr, gerufen
(Troubadour 207)

Gebet

Lieber Gott, Du hast uns gerufen.
Wir haben uns hier in Deinem Namen versammelt.
Bei Dir gefällt es uns, bei Dir fühlen wir uns wohl.
Du hast uns alle gern. Dir können wir vertrauen.
Dafür danken wir Dir.
Amen.

Thematische Erschließung 1

Eine Doppelleiter wird aufgestellt. L spricht:
Wer mag hochsteigen und in meine Arme springen?
Ein Kind hochklettern und springen lassen.
In dem folgenden kurzen Gespräch mit dem Kind könnten folgende
Dinge zur Sprache kommen:
Wie hast du dich gefühlt da oben auf der Leiter?
War es leicht für dich zu springen?
Was gab dir den Mut, hochzusteigen und es zu tun?

Geschichte: Der Sprung

Eines Nachts bricht in einem Haus ein Brand aus. Während die Flammen hervorschießen, stürzen Eltern und Kinder aus dem Haus. Entsetzt sehen sie dem Schauspiel zu. Plötzlich bemerken sie, dass der Jüngste fehlt, ein fünfjähriger Junge, der sich im Augenblick der Flucht vor Rauch und Flammen fürchtete und in den oberen Stock kletterte. Man schaut einander an. Keine Möglichkeit, sich in etwas hineinzuwagen, das immer mehr zu einem Glutofen wird.
Da öffnet sich oben ein Fenster. Das Kind ruft um Hilfe. Sein Vater sieht es und schreit ihm zu: »Spring!«
Das Kind sieht nur Rauch und Flammen. Es hört aber die Stimme des Vaters und antwortet: »Vater, ich sehe dich nicht!« Der Vater ruft ihm zu: »Aber ich sehe dich, und das genügt, spring!« Das Kind springt und findet sich heil und gesund in den Armen seines Vaters, der es aufgefangen hat.

Léon Joseph Suenens

Aus: Léon Joseph Suenens, Täglich christlich leben,
© Otto Müller Verlag, Salzburg 1963

Lied: Damit Vertrauen wächst

1. Weil du mir ver-traust, fühl ich mich ge - bor - gen.
Weil du mir ver-traust, be - steh ich Angst und Sor - gen.
Füh - le mich stark, ma-che tau-send Sa - chen, —
kann fröh-lich sein, kann tan-zen und kann la - chen, —
weil du mir ver - traust, weil du mir ver - traust;
weil du mir ver - traust, weil du mir ver - traust.

2. Weil ich dir vertrau, kann ich das Leben wagen.
   Weil ich dir vertrau, kann ich dir alles sagen.
   Kann jeden Tag tausend Lieder singen,
   kann hoch hinauf und in deine Arme springen,
   weil ich dir vertrau, weil ich dir vertrau.

3. Weil wir uns vertraun, reicht die Kraft für heute.
   Weil wir uns vertraun, wächst in uns die Freude.
   Falln in jedes Herz tausend Sonnenstrahlen,
   die Welt wird bunt und hell, als würden Engel malen,
   weil wir uns vertraun, weil wir uns vertraun.

4. Weil Gott uns vertraut, bleiben wir geborgen.
   Weil Gott uns vertraut, meistern wir das Morgen.

Lässt er uns nie aus seinen Händen fallen,
hält er zu uns und zu den Menschen allen,
weil Gott uns vertraut, weil Gott uns vertraut.

T und M: Wilfried Röhrig
Aus: MC/CD Willkommen hier in meinem Haus
Rechte: rigma Musikverlag, Viernheim

Evangelium (nach Mt 14,22–33)

Jesus forderte seine Jünger auf, ins Boot zu steigen und an das andere Ufer des Sees Gennesaret vorauszufahren. Er selbst stieg auf einen nahen Berg, um in der Einsamkeit zu beten. Spät am Abend war er immer noch allein auf dem Berg. Das Boot war schon viele hundert Meter vom Ufer entfernt und wurde von den Wellen hin und her geworfen, denn sie hatten Gegenwind. Da kam Jesus zu ihnen. Er ging auf dem See. Als ihn die Jünger über den See kommen sahen, erschraken sie. Sie meinten, es sei ein Gespenst und schrien vor Angst. Doch Jesus begann mit ihnen zu reden und sagte: »Habt Vertrauen, fürchtet euch nicht! Ich bin es.« Darauf erwiderte ihm Petrus: »Herr, wenn du es bist, so befiel, dass ich auf dem Wasser zu dir komme.« Jesus sagte: »Komm!« Da stieg Petrus aus dem Boot und ging auf dem Wasser auf Jesus zu. Als er aber spürte, wie heftig der Wind war, bekam er Angst. Und er begann unterzugehen. Er schrie: »Herr, rette mich!« Jesus streckte seine Hand aus, ergriff Petrus und sagte zu ihm: »Du Kleingläubiger, warum hast du gezweifelt?« Und als sie ins Boot gestiegen waren, legte sich der Wind.

Thematische Erarbeitung 2

Vertrauen und Zweifel liegen manchmal ganz eng beieinander. So ist es auch bei Petrus: Er geht los, auf Jesus zu. Doch dann verlässt ihn der Mut und der Glaube, dass es mit Jesus gut geht. Jesus rettet ihn, streckt ihm die Hand entgegen: »Du Klein-Gläubiger!«
Tröstlich für uns, dass das Petrus passiert, von dem Jesus an anderer Stelle sagt, er sei der Fels und auf diesen Felsen wolle er seine Kirche bauen.
Dann brauchen wir uns nicht schlecht zu fühlen, wenn wir einmal an Gott zweifeln und unterzugehen drohen. Entscheidend ist, und das macht uns Petrus deutlich, dass wir die Hand ergreifen, die Gott uns entgegenhält, dass wir vertrauen – gerade im Zweifel.

Fürbittgebet: Die beiden Hände

Es sagte einmal die kleine Hand zur großen Hand:
Du große Hand, ich brauche dich, weil ich bei dir geborgen bin.
Ich spüre deine Hand, wenn ich wach werde und du bei mir bist,
wenn ich Hunger habe und du mich fütterst,
wenn du mir hilfst, etwas zu greifen und aufzubauen,
wenn ich mit dir meine ersten Schritte versuche,
wenn ich zu dir kommen kann, weil ich Angst habe.
Ich bitte dich: Bleibe in meiner Nähe und halte mich.

Und es sagte die große Hand zur kleinen Hand:
Du kleine Hand, ich brauche dich, weil ich von dir ergriffen bin.
Das spüre ich, weil ich viele Handgriffe für dich tun darf,
weil ich mit dir spielen, lachen und herumtollen kann,
weil ich mit dir kleine, wunderbare Dinge entdecke,
weil ich deine Wärme spüre und dich lieb habe,
weil ich mit dir zusammen wieder bitten und danken kann.
Ich bitte dich: Bleibe in meiner Nähe und halte mich.

Gerhard Kiefel

Aus: Gerhard Kiefel, Du, J. Kiefel Verlag, Wuppertal 1975

Vater unser

Gebet

Guter Gott, danke für Mama und Papa,
die da sind, wenn ich sie brauche.
Danke für die Freunde,
denen ich vertrauen kann und die mir vertrauen.
Danke, dass Du uns nahe bist – überall und alle Tage.
Bei Dir sind wir geborgen.
Bei Dir dürfen wir stark sein, aber auch schwach.
Bei Dir dürfen wir fröhlich sein, aber auch traurig.
Dir dürfen wir alles sagen. Du hältst zu uns und zu allen Menschen.
Das ist wunderbar und gibt uns Mut. Amen.

Segen

Kindermutmachlied (Troubadour 129)

9 Jesus lebt!

Alter: 8 – 12 Jahre

Thema:
Kirchenjahr: Ostern/Pfingsten
Ostererfahrung: Jesus lebt!
Emmaus-Geschichte
Pfingsten: Gottes Geist schenkt Hoffnung und Mut

Bibelstellen:

Apg 2,1 – 13	**Das Pfingstereignis**
Mt 28,1 – 8	Die Botschaft vom leeren Grab
Joh 20,11 – 18	Die Erscheinung Jesu vor Maria aus Magdala
Lk 24,13 – 35	Die Begegnung mit dem Auferstandenen auf dem Weg nach Emmaus
Apg 1,12 – 14	Betende Gemeinde

Hinführung

In diesem Gottesdienst geht es um das Bedenken der zentralen Oster-erfahrung: Jesus lebt! Er ist nicht mehr bei den Toten. Er ist mitten unter uns! Dabei wird der Bogen geschlagen von Karfreitag / Ostern über die Emmaus-Perikope hin zu Pfingsten und der Erfahrung des Heiligen Geistes. Alle drei »Stationen« betrachten die Ereignisse aus der Sicht betroffener Jünger/innen und der jeweiligen »Wandlung«:

Hoffnungslosigkeit angesichts des Todes Jesu	Freude und Jubel angesichts der »Frohbotschaft«: Jesus lebt!
Trauer angesichts des Todes Jesu	Begegnung mit dem Auferstandenen in der Weggemeinschaft und im Brotbrechen
Angst und Verzagen	Zuversicht, Begeisterung, Mut.

Wenn Jesus unter uns zugegen ist, können auch wir Hoffnung gewinnen in Trauer, Mutlosigkeit und Angst.

Materialien

Zwei Plakate: ein trauriger und ein lachender Smilie

Lied: Als Christus auferstanden war

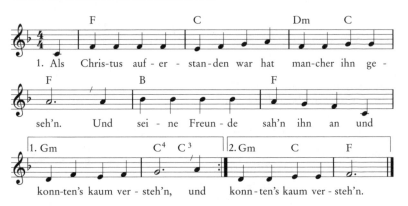

2. Als Christus auferstanden war, besiegte er den Tod.
   Und zu den Freunden sagte er: »Ich gehe jetzt zu Gott!«

3. Er machte seinen Freunden Mut, dass sie ihm stets vertrau'n.
   »Ich geh zu Gott!«, so sagte er. »Und ihr könnt auf mich bau'n!«

4. »Ich werde immer bei euch sein, könnt ihr mich auch nicht seh'n.
   Ich bin bei Gott! Das werdet ihr auch nach und nach versteh'n!«

5. Noch ahnten seine Freunde nicht, was dann mit ihm geschah.
   Sie sah'n sich um und suchten ihn, doch er war nicht mehr da!

6. Sie lernten Jesus nach und nach mit ihrem Herzen seh'n.
   Und Gottes Geist kam über sie, dass sie es auch versteh'n!

7. Seit Pfingsten weiß ein jeder Christ, was Gott verspricht und hält,
   und Gottes frohe Botschaft geht seitdem in alle Welt!

T: Rolf Krenzer   M: Siegfried Fietz
Rechte: ABAKUS Musik Barbara Fietz, Greifenstein

Gebet

Herr, unser Gott, wir stehen in der Osterzeit.
Wir feiern den Anfang neuen Lebens.
Der Tod Jesu am Kreuz war nicht das Ende.
Der auferstandene Jesus Christus
ist immer bei uns und unter uns,

besonders wenn wir in seinem Namen beisammen sind.
Wir freuen uns und danken Dir,
dass Du Deine Macht über Trauer, Leid und Tod gezeigt
und uns neues Leben geschenkt hast. Amen.

Thematische Erschließung 1

Smilie mit traurigem Gesicht nach oben halten. L spricht:
*Regenwetter. Ich blicke aus dem Fenster: Es regnet unaufhörlich, die
Häuser und die Bäume, das Gras und der Himmel, alles grau in grau.
Ich habe zu nichts richtig Lust. Ich fühle mich nicht gut.*
Smilie mit lachendem Gesicht hochhalten.
*Tage später. Ich blicke aus dem Fenster: Die Sonne lacht, die Häuser
und die Bäume, das Gras und der Himmel, alles ist hell und froh.
Ich bin voller Tatendrang. Mir geht es gut.
Woher die Veränderung? Es sind doch die gleichen Häuser, Bäume
und Blumen!
Die Sonne mit ihren hellen und warmen Strahlen hat alles verändert
und in ihren Bann gezogen.
Erging es den Freunden Jesu nicht ähnlich, seinen Jüngern und Jünge-
rinnen?*

Spielszene: Ich habe Jesus gesehen. Er lebt!

Erzähler: Ich möchte euch zuerst von Jesu Freundin Maria aus Mag-
dala erzählen. Sie hatte gesehen, wie Jesus am Kreuz
gestorben ist. Sie ist todtraurig. Aber es hilft nichts. Nun
liegt er schon den dritten Tag im Grab. Da steht sie früh-
morgens auf. Sowie es dämmert, geht sie aus dem Haus.
Als die Sonne aufgeht, kommt sie im Garten an und eilt zu
der Grabkammer. Aber was ist das? Das Grab ist leer! Da
fängt sie von Neuem zu weinen an ...

Maria: Wo ist der Tote hingekommen, wer hat ihn fortgetragen?

Erzähler: Sie sieht einen Mann und meint, es sei der Gärtner. Er
spricht zu ihr:

Jesus: *(spricht verborgen aus dem Hintergrund, hörbar, aber
nicht sichtbar)*
Frau, warum weinst du? Wen suchst du?

Maria: Ach Gärtner, wenn du ihn fortgetragen hast, dann sag mir,
wo du ihn hingelegt hast, dass ich ihn holen kann!

Jesus:	Maria!
Erzähler:	Sie hört: Jesu Stimme.
	Sie sieht: Er ist es.
Maria:	Jesus, du mein Herr, mein Freund!
Jesus:	Ja, geh zu den anderen und sage ihnen, dass ich lebe.
Erzähler:	Aber was ist nun? Sie schaut – aber sie sieht ihn nicht mehr. Ihre Ohren horchen – nein, sie hört ihn nicht mehr. Ihre Hände tasten – nein, er ist nicht zu fassen. Eben hat sie ihn doch gesehen! Sie hat ihn doch gehört! Eben war er doch da! Sie spürt ihn immer noch! – Da weiß Maria:
Maria:	Jesus, du bist lebendig, auch wenn ich dich nicht sehe, nicht höre, nicht fassen kann.
Erzähler:	Sie fängt an zu rennen. Zu den anderen Freunden Jesu läuft sie und ruft:
Maria:	Ich habe Jesus gesehen!

Die 1. Strophe des Liedes »Wir singen Dir, Gott« wird gesungen.

Lied: Wir singen Dir, Gott   MC/CD 10

Ziel, un - se - re Her - zen war'n leer.
Heu - te ver - nah - men wir freu - dig das Wort: Je - sus
lebt, ja es lebt un - ser Herr!

Refrain: Wir singen Dir, Gott, Halleluja,
wir singen Dir, Gott, Halleluja.
Ja, Jesus lebt, Halleluja,
es lebt der Herr, Halleluja.

2. Gestern noch gingen wir traurig davon,
dachten an Kreuz und an Tod.
Plötzlich war Jesus mit uns unterwegs,
sprach mit uns und brach das Brot.

Refrain: Wir singen Dir, Gott, Halleluja,
wir singen Dir, Gott, Halleluja.
Ja, Jesus lebt, Halleluja,
es lebt der Herr, Halleluja.

3. Gestern versperrten wir fest unsre Tür,
blieben ganz ängstlich im Haus.
Heute erfasste uns Heiliger Geist,
wir liefen begeistert hinaus.

Refrain: Wir singen Dir, Gott, Halleluja,
wir singen Dir, Gott, Halleluja.
Ja, Jesus lebt, Halleluja,
schenkt seinen Geist, Halleluja.

T und M: Wilfried Röhrig
Aus: MC/CD Willkommen hier in meinem Haus
Rechte: rigma Musikverlag, Viernheim

Thematische Erschließung 2

Erzähler:	Am gleichen Tag noch, als Maria in dem Garten den toten Jesus lebendig gesehen hat, gehen nachmittags zwei Männer auf der Landstraße. Sie wollen wieder nach Hause zurück. In der Stadt haben sie Schreckliches erlebt: Jesus, ihr Freund, war getötet worden. Sie lassen die Köpfe hängen, sprechen nicht. Ein Fremder kommt gegangen und schließt sich ihnen an.
Fremder:	Ihr seid aber traurig, was ist denn?
Erzähler:	Da erzählen sie ihm, was sie erlebt haben.
Jünger 1:	Wir sind Freunde von Jesus, den sie gekreuzigt haben. Wir hatten ihn lieb. Er war wunderbar. Am liebsten wären wir immer bei ihm geblieben.
Jünger 2:	Und nun haben sie ihn wie einen Verbrecher gekreuzigt.
Erzähler:	Der Fremde will sie trösten. Sie hören hin, aber sie verstehen nicht recht, sie sind zu traurig. Dennoch gefällt ihnen der Wanderer immer besser. In seiner Gegenwart wird ihr Herz wieder lebendig, schon halten sie die Köpfe wieder aufrecht. Da sind sie auch schon in ihrer Ortschaft angelangt. Der Fremde aber will weitergehen.
Jünger 2:	Geh doch nicht fort, bleib bei uns heute Nacht. Wir wollen zusammen essen.
Jünger 1:	Du kannst bei uns schlafen. Es wird ja schon dunkel.
Erzähler:	Da geht er mit in ihr Haus hinein. Sie setzen sich zum Essen. Wie er das Brot nimmt und bricht und weitergibt, da fällt es ihnen wie Schuppen von den Augen:
Jünger 1 und 2:	Jesus – du bist es!
Erzähler:	Aber im gleichen Augenblick entschwindet er ihren Blicken. Sein Platz ist leer. Er sitzt nicht mehr da. Aber sie spüren ihn noch. Er ist doch da, ganz lebendig da – aber anders als früher. Da müssen sie noch in der Nacht zu den anderen nach Jerusalem zurücklaufen, um es ihnen zu erzählen.

Die beiden Szenen sind gestaltet in Anlehnung an: Felicitas Betz, Die Seele atmen lassen. Mit Kindern Religion entdecken, Kösel-Verlag, München 1989.

Lied: Wir singen Dir, Gott, 2. Strophe

Lesung (nach Apg 2,1–13)

Seit der Auferstehung Jesu waren fünfzig Tage vergangen. Am fünf-
zigsten Tag, am Pfingsttag, befanden sich die Apostel zusammen mit
den Frauen und Maria, der Mutter Jesu, im Obergemach eines Hauses
und beteten. Da kam plötzlich vom Himmel her ein Brausen, wie
wenn ein heftiger Sturmwind weht, und erfüllte das ganze Haus, in
dem sie waren. Und es erschienen ihnen Zungen wie von Feuer, die
sich auf alle verteilten. Auf jeden von ihnen ließ sich eine nieder. Alle
wurden mit dem Heiligen Geist erfüllt und begannen, in fremden
Sprachen zu reden, wie es der Geist ihnen eingab.
In Jerusalem waren fromme Menschen aus allen Ländern der Welt.
Als sie das Sturmesbrausen hörten, liefen sie zusammen. Sie waren
ganz bestürzt, denn jeder hörte die Apostel und die Frauen in seiner
Sprache reden. Sie gerieten außer sich vor Staunen und sagten: »Sind
das nicht alles Leute aus Galiläa? Wieso kann sie jeder in seiner Mut-
tersprache reden hören?« Einige fragten sich: »Was hat das zu bedeu-
ten?« Andere machten sich lustig und sagten: »Sie sind betrunken.«
Da trat Petrus auf, zusammen mit den anderen Aposteln. Er erhob
seine Stimme und begann zu reden über Jesus von Nazaret und die
Großtaten Gottes, die er durch ihn wirkte.

Lied: Wir singen Dir, Gott, 3. Strophe

Fürbitten

Jesus lebt! Er ist mitten unter uns, er ist in uns! Zu ihm wollen wir
beten:

Herr Jesus Christus, schenke allen, die krank sind und leiden, Kraft
und Zuversicht!
Christus, höre uns! Christus, erhöre uns!

Schenke allen, die sich allein und verlassen fühlen, Menschen, die auf
sie zugehen und sie begleiten!
Christus, höre uns! Christus, erhöre uns!

Schenke allen, die mutlos sind und ängstlich, den Geist der Hoffnung
und Zuversicht!
Christus, höre uns! Christus, erhöre uns!

Vater unser

Gebet

Herr, unser Gott,
Ostern und Pfingsten sagen uns:
Dem dunklen Karfreitag
folgt der helle Ostermorgen,
der Ängstlichkeit folgt der frohe Pfingsttag.
Alles bleibt an seinem Platz,
unser Alltag zu Hause, in der Schule
oder bei der Arbeit,
die Probleme und Fragen.
Und doch erscheint alles
in einem anderen Licht,
im Licht der Zuversicht,
dass Du stärker bist
als alles Dunkel und alle Not.
Stärke uns, wie die Jünger damals,
immer wieder mit diesem Licht!
Amen.

Segen

Lied: Unser Leben sei ein Fest
(Schwerter Liederbuch 227)

10   Komm, erfülle unsre Herzen

Alter: 8 – 12 Jahre

Thema:
Kirchenjahr: Pfingsten
Das Wirken des Heiligen Geistes

Bibelstellen:

Apg 2,1 – 13	**Das Pfingstereignis**
Ez 36,26f.	»Ich schenke euch ein neues Herz ...«
Joh 14,16 – 18	»... und er wird euch einen anderen Beistand geben«
Joh 14,26	»Der Beistand aber, der Heilige Geist, ...«
Apg 1,8	»Ihr werdet die Kraft des Heiligen Geistes empfangen«
Gal 5,22f.	»Die Frucht des Geistes aber ist Liebe ...«

Hinführung

Zu Gott beten, über Gott und sein Wirken sprechen, Geschichten von Jesus hören – das ist uns allen irgendwie vertraut. Aber uns an den *Heiligen Geist* wenden? Das ist eher ungewohnt. Er erscheint vielen Gläubigen als die »göttliche Unbekannte«. Aber das geschieht durchaus auch zu Recht, hat er doch – jedenfalls nach biblischem Zeugnis – viel mit Überraschung, Unberechenbarkeit, Neuanfang zu tun.
Um sein *Wirken* zu verdeutlichen, werden verschiedene, biblische und nicht-biblische Symbole aufgegriffen:

- Regen, Sonnenlicht, klares Wasser (der Heilige Geist schenkt Wachstum und Heilung)
- Sturm, Windhauch, klare Atemluft (der Heilige Geist schenkt Frische, Erneuerung, Leben)
- bunter Faden, festes Band (der Heilige Geist stiftet Gemeinschaft und Verbundenheit)
- bunter Drachen, Schmetterling (der Heilige Geist bewirkt Lebendigkeit und Leichtigkeit).

An ihn wollen wir uns wenden: *Komm, Heiliger Geist!* Erfülle uns, unsere Herzen, unser Leben, unsere Welt!

Materialien

Ein Glas Wasser
eine frische, duftende Blume (evtl. Pfingstrose)
ein bunter, dicker und langer Faden; ein Herbstdrachen; ein (Papier-)
Schmetterling

Lied: Komm, Heilger Geist, mit deiner Kraft
(Troubadour 63)

Gebet

Guter Gott, es ist Pfingstzeit.
Die ganze Welt blüht und lacht.
Die Menschen spüren, dass Jesus lebt,
dass er uns nicht verlassen hat.
Wir danken Dir und bitten Dich:
Sende uns Deinen Heiligen Geist!
Sei auch jetzt zugegen in unserem Gottesdienst.
Amen.

Thematische Erschließung 1

In einem ersten Schritt geht es darum, die Neugierde zu wecken und
die Kinder die verschiedenen Dinge *entdecken* (sehen, schmecken, rie-
chen, betasten) zu lassen: ein Glas Wasser; eine frische, duftende
Blume (evtl. Pfingstrose); einen bunten, dicken Faden; einen Herbstdrachen; einen Schmetterling.
Darüber sprechen, was die Einzelnen wahrgenommen, entdeckt
haben.

Lesung (nach Apg 2,1–4)

Seit der Auferstehung Jesu waren fünfzig Tage vergangen. Am fünf-
zigsten Tag, am Pfingsttag, befanden sich die Apostel zusammen mit
den Frauen und Maria, der Mutter Jesu, im Obergemach eines Hauses
und beteten. Da kam plötzlich vom Himmel her ein Brausen, wie
wenn ein heftiger Sturmwind weht, und erfüllte das ganze Haus, in
dem sie waren. Und es erschienen ihnen Zungen wie von Feuer, die
sich auf alle verteilten. Auf jeden von ihnen ließ sich eine nieder. Alle
wurden mit dem Heiligen Geist erfüllt.

Thematische Erschließung 2a

L spricht:

Wie sollen wir uns das vorstellen, dass der Heilige Geist, der Geist Jesu Christi, sein Beistand und seine Kraft, alle erfüllt?
Gedanken/ Ideen/ Einfälle zusammentragen; auch auf die beiden »Bilder« der Lesung hinweisen: den Wind/das Sturmesbrausen und die Feuerzungen.
Ihr habt jetzt einige Ideen geäußert. Wir haben die Lesung aus der Heiligen Schrift kurz bedacht. Doch das ist noch nicht alles, wie wir uns den Heiligen Geist, die Kraft und den Beistand Jesu Christi, vorstellen können. Wir wollen im Folgenden die Dinge und Gegenstände von vorhin betrachten und uns fragen, was sie uns über das Wirken des Heiligen Geistes in unserem Leben sagen können.
Die Gegenstände sollen als Symbole für das Wirken des Heiligen Geistes bedacht und erschlossen werden. Als Leitfaden dient das »Kleine Pfingstlied«, so dass sich Gespräch und Singen ergänzen und stets abwechseln.

1. Glas Wasser
- Wozu wir Wasser brauchen: Wachsen der Bäume und Pflanzen; Erfrischung; Waschen und Reinigen …
- Der Heilige Geist ist wie Wasser: Er lässt unsere Liebe wachsen; er erfrischt uns …

Die 1. Strophe des »Kleinen Pfingstlieds« wird gesungen.

Kleines Pfingstlied   MC/CD 9

1. Du bist wie gu-ter Re-gen, bist wie das Son-nen-licht, oh-ne Dich wächst uns-re Lie-be nicht; bist wie kla-res Was-ser, bist wie ein gu-ter Trank, machst heil, was schwach ist o-der krank.

2. Du bist wie Sturmesbrausen,
   bist wie ein starker Wind,
   was alt ist und morsch, zerfällt geschwind;
   bist ein süßer Windhauch,
   bist wie ein zarter Duft,
   schenkst Leben und klare Atemluft.

Refrain

3. Du bist ein bunter Faden,
   bist wie ein festes Band,
   von Mensch zu Mensch und von Land zu Land;
   bist ein bunter Drachen,
   bist wie ein Schmetterling,
   trägst hinauf uns, weit zum Himmel hin.

Refrain

T und M: Wilfried Röhrig
Aus: MC/CD Willkommen hier in meinem Haus
Rechte: rigma Musikverlag, Viernheim

Thematische Erschließung 2b

2. Duftende Blume
- Was ein guter Duft bewirkt: Wir fühlen uns wohl; er belebt und ermuntert ...
- Mit dem Duft atmen wir die Luft ein
- Wozu wir die Luft brauchen: Atmen und Leben ...
- Der Heilige Geist ist wie zarter Duft und wie frische Atemluft: Er erfrischt und schenkt Leben; er lässt uns atmen ...

Lied: Kleines Pfingstlied, 2. Strophe

Thematische Erschließung 2c

3. Bunter Faden
- Wozu ein Faden gut ist: Er hält zusammen; er verbindet ...
- Der Heilige Geist ist wie ein Faden: Er verbindet uns; er schenkt Gemeinschaft; er lässt Menschen eins werden ...

4. Drachen und Schmetterling
- Was wir an ihnen bewundern: Sie können fliegen, hoch am Himmel; sie sind leicht und unbeschwert; sie lassen sich von der Luft tragen; sie sind bunt und lebensfroh ...
- Der Heilige Geist ist wie ein Drachen und wie ein Schmetterling: Er schenkt uns Freude und Leichtigkeit; er trägt uns hinauf, »weit zum Himmel hin« ...

Lied: Kleines Pfingstlied, 3. Strophe

L spricht:
Die Jünger haben das Wirken des Heiligen Geistes damals hautnah erlebt. In der Pfingsterzählung wird das umschrieben mit den Feuerzungen, die sich niederlassen und mit dem Sturmwind, der sich erhebt.

Fürbitten

Heiliger Geist,
am Pfingstfest hast Du die Anwesenden mit Deiner Kraft erfüllt. Wir bitten Dich für uns und alle Menschen.

In Situationen, in denen wir mutlos und niedergeschlagen sind:
Komm, Heiliger Geist, und erfülle die Herzen Deiner Gläubigen!

In Situationen der Angst und Trauer:
Komm, Heiliger Geist, und erfülle die Herzen Deiner Gläubigen!

In Situationen, in denen wir lieblos sind und einander nicht verstehen:
Komm, Heiliger Geist, und erfülle die Herzen Deiner Gläubigen!

In Situationen, in denen wir bequem und einfallslos sind:
Komm, Heiliger Geist, und erfülle die Herzen Deiner Gläubigen!

In Situationenin denen wir blind sind und versagen:
Komm, Heiliger Geist, und erfülle die Herzen Deiner Gläubigen!

Vater unser

Gebet

Heiliger Geist,
Du bist unter uns zugegen.
Du bist wie Feuersglut und klares Wasser,
wie Regen und Sonnenschein,
wie Windhauch und Sturmesbrausen,
wie ein zarter Duft und wie ein Schmetterling.
Du hältst unsere Gemeinschaft zusammen
wie ein festes Band.
Du lässt uns immer spüren,
wie nahe Gott uns ist.
Wir danken Dir dafür.
Amen.

Segen

Lied: Dein Geist weht wo er will
(Troubadour 493)

11   Ihr seid das Licht der Welt

Alter: 8 – 10 Jahre

Thema:
Kirchenjahr: Pfingsten
Zusage Jesu: Ihr seid das Licht der Welt, das Salz der Erde, die Stadt auf dem Berg

Bibelstellen:

Mt 5,13 – 16	**Vom Salz der Erde und vom Licht der Welt**
Lk 11,5 – 8	Das Gleichnis vom bittenden Freund
Lk 10,25 – 37	Das Beispiel vom barmherzigen Samariter
Mt 18,23 – 35	Das Gleichnis vom unbarmherzigen Gläubiger
Mk 2,13 – 17	Die Berufung des Levi und das Mahl mit den Zöllnern

Hinführung

Der *Auftrag Jesu* an seine Freunde, Jünger und Jüngerinnen, wie er bei Matthäus in der Bergpredigt formuliert wird, hat auch heute Gültigkeit. Dabei erscheinen mehrere Aspekte bedenkenswert:
Christsein vollzieht sich nicht in erster Linie in Gedanken, sondern zeigt sich im *Tun* – einem der häufigsten Worte im Munde Jesu. Das gilt vor allem für unseren Umgang mit den Menschen in unserer unmittelbaren und weiteren Umgebung, in der Familie, im Kindergarten, in der Schule, ...
Wie der Mond von der Sonne, so leben auch wir vom Licht Jesu Christi. Licht der Welt zu sein bedeutet also keine »bloße Eigenleistung« oder »ethische Höchstleistung«, sondern beinhaltet in erster Linie die Zusage, dass Christus, das (eigentliche) Licht, in uns und durch uns leuchtet / leuchten will.
Bei allen drei biblischen Bildern kommt es nicht auf die Menge (»möglichst viel Salz«), die Größe (»eine möglichst große Stadt«) oder die Stärke an (»ein möglichst helles Licht«), sondern auf den *Kontrast* und die darauf beruhende Wirkung: fader Geschmack – Würze, flaches Land – Stadt auf dem Berg, Dunkelheit – Licht. Damit das deutlich wird, ist es gut, diese Bilder in ihrer Kontrastwirkung darzustellen und unmittelbar erleben zu lassen.

Materialien

- Brot *ohne Salz;* Stuhl; Kerze
- Malstifte; Kleber
- Für jede Familie
  – ein ovales Kartonstück (unbeschrieben)
  – ein kleines Teelicht
  – (dicke, große) Salzkörner

Lied: Ich sag dir guten Morgen

2. Ich sag dir guten Morgen
   und winke noch dazu.
   Dann winkst du heute Morgen,
   genau wie ich es tu.

3. Ich sag dir guten Morgen
   und nicke noch dazu ...

4. Ich sag dir guten Morgen
   und klatsche (stampfe, blinzle usw.) noch dazu ...

5. Ich sag dir guten Morgen
   und streichle (drücke, kitzle usw.) dich dazu ...

Schluss:
Gott schenkt uns diesen Morgen,
weil er uns gerne mag.
Wir danken für den Morgen
und bitten für den Tag.

T: Rolf Krenzer   M: Peter Janssens
Aus: Ich schenk dir einen Sonnenstrahl, 1985
Rechte: Peter Janssens Musik Verlag, Telgte

Gebet

Lieber Gott, wir danken Dir
für diesen neuen Tag, den Sonntag.
Jeder Tag ist ein Geschenk von Dir.
Wir freuen uns, dass wir uns wieder hier
in Deinem Haus treffen können.
Zusammen mit unseren Eltern,
Geschwistern und Freunden
wollen wir singen, beten
und etwas von Deiner Frohen Botschaft erfahren.
Sei uns nahe, jetzt und immer.
Amen.

Thematische Erschließung 1

Zunächst sollen die Symbole »Salz«, »Stadt« und »Licht« bedacht und
erlebt werden:

1. Salz
   Jede(r) bekommt ein Stück Brot (ohne Salz).
   • Wie schmeckt es? Was ist anders als gewöhnlich? Was fehlt?
   • Wozu wir Salz brauchen:
     Würzen; Haltbarmachen von Speisen; Gesundheit (Schweiß
     beim Schwitzen, ...) ...

2. Stadt
   Ein Mädchen/Junge kommt nach vorne.
   • Wird es/er auch ganz hinten gesehen?
   Ein Mädchen/ein Junge stellt sich auf eine Leiter oder auf einen
   Stuhl.
   • Wird es/er jetzt ganz hinten gesehen?

3. Licht
Alle Lichter und Kerzen in der Kirche sind aus. Es ist dunkel.
Kerzen werden angesteckt, es wird hell.

Evangelium (nach Mt 5,13–16)

Jesus sagte zu seinen Jüngern und Jüngerinnen: »Ihr seid das Salz der
Erde. Wenn das Salz seinen Geschmack verliert, womit kann man es
wieder salzig machen? Es taugt zu nichts mehr und wird weggeworfen. Ihr seid das Licht der Welt. Eine Stadt, die auf einem Berge liegt,
kann nicht verborgen bleiben. Man zündet auch nicht eine Kerze an
und stülpt ein Gefäß darüber, sondern man stellt sie auf einen Leuchter. Dann leuchtet ihr Licht allen im Haus. So soll euer Licht vor den
Menschen leuchten, damit sie eure guten Werke sehen und Gott,
euren Vater im Himmel, preisen.«

Thematische Erschließung 2a

L spricht:
*Jesus sagt zu seinen Freunden: Ihr seid das Salz der Erde, ihr seid die
Stadt auf dem Berge, ihr seid das Licht der Welt. Wie meint er das?
Wie können wir das sein?*
Die Kinder sollen sich frei äußern und Möglichkeiten zusammentragen.
*Im folgenden Lied werden wir von drei Beispielen hören und singen,
wie wir Salz und Licht sein können*

Lied: Ihr seid das Licht der Welt   MC/CD 11

bun-te Far-be, — die — in grau-e Ta-ge — fällt ——— wie

hel-le Son-nen-strah-len, ——— ihr seid das Licht der Welt. ———

1 Heu te vorm Kin – der-hort   sah ich ein Mäd – chen dort

ganz al-lein — an der Tür. ———   Sie stand und lach – te nicht,

trau-rig war ihr — Ge-sicht, kei - ner spiel – te mit ihr. ———

Sa - ra ging hin, ———   um - arm - te sie sacht: ———

»Magst du ein Bon - bon von mir?« ———   Ir-gend-wie fiel — mir da

Je - sus ein, —   er sagt zu dir — und — mir: ———

2. Franz und der kleine Karl stritten sich wieder mal
   um die Holzeisenbahn.
   »Ich hab sie zuerst gehabt!«
   »Nein, du hast sie weggeschnappt!«,
   schrien sie lautstark sich an.
   Da sagte Franz: »Was sind wir doch dumm,
   die Eisenbahn reicht doch für zwei!

Komm, wir fahren zusammen im Zug!«
Der Streit war vergessen, vorbei.

3. Tini und Rafael sind immer rasend schnell,
   gibt es mal Hähnchen mit Reis.
   Sie kriegen gleich 'nen Schreck
   bei Eiern mit Schinkenspeck:
   »Mama, das ist uns zu heiß!«
   Gestern, da saßen sie ruhig am Tisch,
   aßen sogar den Spinat;
   Töpfe und Teller, alles war leer,
   Mama und Papa warn platt.

T und M: Wilfried Röhrig
Aus: MC/CD Willkommen hier in meinem Haus
Rechte: rigma Musikverlag, Viernheim

Thematische Erschließung 2b

Wie können wir Salz und Licht sein? Welche Möglichkeiten werden
in dem Lied genannt, das wir eben gesungen haben?
In einem kurzen Gespräch die drei Aspekte des Liedes herausarbeiten:
- sich um Menschen kümmern, die am Rande stehen, die wenig
  beachtet werden (im Kindergarten, in der Schule, ...)
- bei Streitereien nicht nur auf seinem Recht bestehen, sondern
  gemeinsame Lösungen suchen (in der Familie mit den Geschwistern, in der Schule, im Kindergarten, ...)
- in der Familie für eine gute Atmosphäre sorgen, z.B. nicht ständig
  über das Essen meckern, ...

Fürbitten

Guter Gott, Du willst, dass wir wie Salz sind, das würzt oder Speisen
haltbar macht. Wie können wir Salz sein?
Wir können es sein, indem wir einander helfen, indem wir die Wahr-
heit sagen. Schenke uns dazu den Mut und die Kraft!
Guter Gott: Wir bitten Dich, erhöre uns!

Du willst, dass wir wie eine Stadt auf dem Berge sind. Wie können wir
das sein? Wir können es sein, indem wir anderen von Dir erzählen,
indem wir andere zum Spielen einladen. Schenke uns dazu Fantasie
und Offenheit!
Guter Gott: Wir bitten Dich, erhöre uns!

Du willst, dass unser Licht auch für andere leuchtet. Wie kann das geschehen? Das kann geschehen, indem wir jemanden trösten, der traurig ist, indem wir uns nach einem Streit wieder vertragen. Schenke uns dazu Vertrauen und Zuversicht!
Guter Gott: Wir bitten Dich, erhöre uns!

Vater unser

Gebet

Herr, es ist heute genauso wie damals,
als Du Dir Deine ersten Mitarbeiter erwählt hast.
Du bist nicht an das Ufer gekommen,
um die Klugen und Reichen zu berufen,
sondern einfache und bescheidene Fischerleute.
Du wolltest, dass ich Dir nachfolge.
Du weißt, Herr, dass ich weder Gold noch Silber besitze,
wohl aber Netze, fleißige Hände und viel guten Willen.
Du willst meine Hände und mein Mühen
im Einsatz für die Brüder und Schwestern.
Ich will Dein Bote sein.
Herr, Du hast mich angeschaut
und meinen Namen gerufen.
Gib mir die Kraft, dass ich Deiner Botschaft treu bleibe,
und auch in Stürmen und Gefahren. Amen.

Aus Guatemala

Segen

Lied: Gehet nicht auf in den Sorgen dieser Welt
(Troubadour 137)

Andenken basteln

Auf das ovale Kartonstück oben, wie auf einen Berg, die Häuser und Umrisse einer kleinen Stadt malen. Darunter, in die Mitte des Kartons, ein Teelicht aufkleben. Im unteren Bereich etwas Klebstoff verteilen und einige Salzkörner daraufstreuen.

12   Abschied nehmen

Alter: 6–10 Jahre

Thema:
Jahreskreis: Herbst
Veränderungen in der Natur – Veränderungen bei uns selbst
(Große und kleine) Abschiede in unserem Leben
Abschied Jesu von seinen Jüngern

Bibelstellen:
Mt 28,16–20	**Der Auftrag des Auferstandenen**
Koh 3,1–8	»Alles hat seine Stunde«

Hinführung

Ausgangspunkt und Hintergrund dieses Gottesdienstes ist der *Herbst*
als Jahreszeit. Folgende Aspekte sollen deutlich werden:
Veränderungen in der *Natur* (kahle Bäume, kalter Wind, ...) zeigen
den Abschied vom Sommer an.
Unsere unmittelbaren *Lebensumstände* verändern sich und auch
unser Erleben und Empfinden (wir sind gerne drinnen, das Leben in
unserer Wohnung wird wichtiger, ...).
Wir erfahren (kleine und große) *Abschiede* in unserem Leben: Lebens-
abschnitte gehen zu Ende, Freundschaften gehen auseinander, Tiere
und Menschen sterben.
Jesus nimmt Abschied von seinen Freunden mit dem festen Verspre-
chen: Ich bin bei euch alle Tage.

Materialien

- Mütze, Handschuhe; Buch; Familienspiel
- bunte Blätter, kahler Ast
- Babyanzug, Milchzahn

Lied: Ein neuer Tag ist da

wün-schen »Gu - ten Mor - gen«. Herr, sei uns heu - te nah, bei dir sind wir ge - bor - gen.

2. Ein neuer Tag ist da. Wir wollen froh beginnen.
   Herr, gib uns deine Kraft, so kann der Tag gelingen.

3. Ein neuer Tag ist da. Wir stehen auf und gehen.
   Herr, zeige uns den Weg und lass dein Licht uns sehen.

4. Ein neuer Tag ist da. Wir reichen uns die Hände.
   Herr, segne unser Tun, das Böse von uns wende.

5. Ein neuer Tag ist da. Wir beten in der Stille,
   dass in der ganzen Welt geschehen mag dein Wille.

6. Ein neuer Tag ist da, ein neuer Tag zum Leben.
   Aus deiner Ewigkeit hast du ihn uns gegeben.

T: Reinhard Bäcker   M: Detlev Jöcker
Aus: Viele kleine Leute
Rechte: Menschenkinder Verlag, Münster

Gebet

Guter Gott, wir danken Dir, dass wir gut geschlafen haben.
Wir haben uns auf den Weg gemacht hier zu Deinem Haus.
Wir haben uns versammelt, um Deine Nähe zu feiern.
Sei Du bei uns. Amen.

Thematische Erschließung 1: Abschied in der Natur

Die Einheit von Gedanken / Überlegungen / Gespräch einerseits und
dem Lied »Abschied nehmen« vollzieht sich in mehreren Schritten:

L spricht:

Ich habe euch einige Dinge mitgebracht, die uns an den Herbst erin-
nern: ein paar bunte Blätter, ein kahler Ast. Woran können wir noch
erkennen und spüren, dass der Sommer vorbei ist und der Herbst Ein-
zug gehalten hat? (Nebel, kalter Herbstwind, die Tage werden kälter
und kürzer, ...)

Die 1. Strophe des Liedes »Abschied nehmen« wird gesungen.

Lied: Abschied nehmen

- schied - neh - men und vor - wärts schaun, - den
Win - ter kom - men las - sen.

2. Wenn wir dicke Mützen tragen,
   unser Atem Spuren zieht,
   wenn schon früh die Lichter brennen
   und jeder schnell ins Warme flieht,
   wenn wir gerne drinnen spielen
   und durchs Fenster Sterne sehn,
   Bücher lesen, Lieder singen
   und im Traum auf Reisen gehn,
   ist die Zeit gekommen für dich und mich,
   das Laute loszulassen;
   heißt es Ruhe finden und Nähe spürn,
   Gemeinschaft wachsen lassen.

3. Wenn uns Kleider nicht mehr passen,
   wenn ein Zahn verloren geht,
   wenn wir neue Lehrer kriegen,
   wenn ein Freund uns nicht mehr versteht,
   wenn Bekannte ganz weit wegziehn,
   wenn ein Kind den Papa verliert,
   unsre Oma ganz schwer krank wird,
   wenn ein Vogel plötzlich stirbt,
   ist die Zeit gekommen für dich und mich,
   Vergangnes loszulassen;
   heißt es Trauer fühlen und weiter gehn,
   die Hoffnung keimen lassen.

T und M: Wilfried Röhrig
Aus: MC/CD Willkommen hier in meinem Haus
Rechte: rigma Musikverlag, Viernheim

Thematische Erschließung 2: Veränderungen bei uns

L spricht:

Ich habe euch einige Dinge mitgebracht, die uns deutlich machen: Wir spüren den Herbst und stellen uns auf ihn ein: eine dicke Mütze und Handschuhe.

Wir merken, dass jetzt im Herbst einiges nicht mehr möglich ist: Wir können nicht mehr lange draußen spielen; wir können nicht mehr ins Freibad; wir können keine kurzen Kleider mehr anziehen.

Aber im Herbst beginnt auch eine eigene schöne Zeit: Wir freuen uns am bunten Farbenbild der Bäume; wir bestaunen die Atemwolken vor unserem Mund; wir freuen uns, wenn wir ins Warme kommen; wir lesen gerne Bücher in unserem Zimmer (Buch vorzeigen!), *wir können miteinander spielen* (Familienspiel vorzeigen!); *wir kuscheln uns mehr aneinander...*

Lied: Abschied nehmen, 2. Strophe

Thematische Erschließung 3: Abschiede in unserem Leben

L spricht:

Die Natur nimmt Abschied vom Sommer und bereitet sich auf den Winter vor. Auch wir nehmen in unserem Leben Abschied von vielem: Wir nehmen Abschied von unserer Babyzeit (Babyanzug vorzeigen).

Wir nehmen Abschied von unseren Milchzähnen (vorzeigen).

Mancher musste Abschied nehmen von einem Haustier, das gestorben ist. Wenn wir umziehen, nehmen wir Abschied von unserer alten Wohnung und von Freunden...

Lied: Abschied nehmen, 3. Strophe

Thematische Erschließung 4: Abschied und Auftrag Jesu

L spricht:

Auch Jesus nimmt Abschied, am Ende seines irdischen Daseins, von seinen Jüngern.

Doch bevor er dies tut, gibt er ihnen einen Auftrag. Sie sollen hinausgehen zu allen Menschen, ihnen die Frohe Botschaft bringen und sie einladen, auch zu Jesu Freunden zu gehören. Und er verspricht ihnen: Ich bin bei euch alle Tage.

Evangelium (nach Mt 28,16–20)

Die Apostel gingen nach Galiläa auf den Berg, den Jesus ihnen genannt hatte. Jesus, der Auferstandene, trat auf sie zu und sagte zu ihnen: »Mir ist alle Macht gegeben im Himmel und auf der Erde. Darum geht zu allen Völkern und macht alle Menschen zu meinen Jüngern. Tauft sie im Namen des Vaters und des Sohnes und des Heiligen Geistes. Lehrt sie, alles zu befolgen, was ich euch geboten habe. Seid gewiss: Ich bin bei euch alle Tage bis zum Ende der Welt.«

Fürbitten

Herr Jesus Christus, Du hast versprochen, bei Deinen Jüngern zu bleiben – durch Deinen Heiligen Geist.

Wir bitten Dich für alle, die einen lieben Menschen verloren haben:
Herr, erbarme Dich! Christus, erbarme Dich! Herr, erbarme Dich!

Für alle, die neu in den Kindergarten oder in eine Schulklasse gekommen sind:
Herr, erbarme Dich! Christus, erbarme Dich! Herr, erbarme Dich!

Für alle, die traurig und einsam sind:
Herr, erbarme Dich! Christus, erbarme Dich! Herr, erbarme Dich!

Vater unser

Gebet

Guter Gott, unser Gottesdienst ist nun zu Ende.
Wir wollen uns voneinander verabschieden.
Bleibe Du bei uns!
Halte uns und alle Menschen immer in Deiner Hand.
Amen.

Segen

Lied: Halte zu mir, guter Gott
(Schwerter Liederbuch 249)

13   Du nennst uns Deine Freunde

Alter: 8–12 Jahre

Thema:
Die Gemeinschaft der ersten Christen
Auch wir gehören zu den Freunden Jesu (»Christen«)
Der Segen des Herrn soll uns begleiten

Bibelstellen:
Apg 2,43–47   **Das Leben der jungen Gemeinde**
1 Kor 11,17–34   Die rechte Feier des Herrenmahls

Hinführung

Die Gemeinschaft der *Freunde Jesu* soll im Mittelpunkt stehen. Dabei
geht es zum einen um die Gemeinschaft der *ersten Christen* / christ-
lichen Gemeinden. Aber auch *wir* gehören zur Gemeinschaft der
Freunde Jesu: Wir tragen seinen Namen (»Christen«), sind auf ihn
getauft, versammeln uns in seinem Namen, hören sein Wort, wollen
wie er handeln, ...

Materialien

Anhänger für alle Kinder (evtl. auch für alle Gottesdienstteilnehmer)
vorbereiten: bunte Papierfische, oben ein kleines Loch anbringen (am
besten mit einem Locher), Faden hindurchstecken (ca. 1 m Länge)
und verknoten.

Lied: Du hast uns, Herr, gerufen
(Troubadour 207)

Gebet

Herr Jesus Christus,
in Deinem Namen sind wir versammelt.
Öffne unser Ohr,
damit wir hören und verstehen,
was du uns heute sagen willst.
Wandle unsre Herzen und Gedanken,

damit wir Dir und Deinem Wort vertrauen.
Schenke uns Gemeinschaft mit Dir und untereinander.
Amen.

Thematische Erschließung 1

Mirjam: Sei gegrüßt, Lydia!

Lydia: Sei gegrüßt, Mirjam!

Mirjam: Ich habe dich letzte Woche nicht gesehen. Warst du krank?

Lydia: Nein, ich war mit meinen Eltern zu Besuch bei Priska in Antiochia.

Mirjam: Wer ist Priska?

Lydia: Na, eine alte Freundin meiner Mutter. Ich habe sie zum ersten Mal getroffen und kennen gelernt. Die beiden hatten sich seit vielen Jahren nicht mehr gesehen.

Mirjam: Und, war es interessant?

Lydia: Sehr interessant sogar. Pass mal auf, weißt du, was das ist? *(Malt auf ein Blatt Papier einen Fisch)*

Mirjam: Na klar weiß ich das, das ist ein Fisch.

Lydia: Und weißt du auch, was dieses Zeichen bedeutet?

Mirjam: Vielleicht ein Schild von einem Fischladen?

Lydia: Nein, total daneben! Das ist ein Geheimzeichen!

Mirjam: Ein Geheimzeichen?

Lydia: Ja. Und dass ich davon erfahren habe, hat mit unserem Besuch zu tun. Denn als wir ankamen, fiel mir in der Wohnung ein an die Wand gemalter Fisch auf. Ich konnte mir darauf keinen Reim machen, aber meine Mutter fragte gleich: »Gehörst du auch zu denen, die an diesen Jesus glauben?« Priska antwortete: »Du kennst also unser geheimes Zeichen!« – »Aber ich weiß nichts Genaues darüber«, sagte meine Mutter. Und Priska fing an zu erklären ...

Mirjam: Jesus soll doch zu Lebzeiten einige Freunde gehabt haben, die Fischer waren ...

Lydia: Das ist zwar richtig, aber der Fisch bedeutet etwas anderes. Es ist nämlich eine Art Glaubensbekenntnis der Anhänger Jesu: Wenn du die griechischen Anfangsbuchstaben der Wörter »Jesus«, »Christus«, »Gottes«, »Sohn« und »Erlöser« zusammensetzt, entsteht das griechische

Wort für Fisch. Die Christen benutzen dieses Geheimzeichen des Fisches, um nicht sofort erkannt zu werden.

Mirjam: Und, wart ihr auch mal bei einem Geheimtreffen dieser Jesus-Anhänger dabei?

Lydia: Ja, gleich am nächsten Tag. Da kamen viele Leute in das Haus von Priska und ihrem Mann Aquila. Mir fiel vor allem ein älterer Mann auf, den sie »Vorsteher« nannten und herzlich begrüßten. Viele hatten etwas zu essen mitgebracht. Sie setzten sich alle um den großen Tisch, aßen und erzählten. Auch Sklaven waren dabei.

Mirjam: Aber sicher doch nur am untersten Ende ...

Lydia: Nein, sie saßen mittendrin und wurden behandelt wie alle anderen auch. Und als alle satt waren, erhob sich der Vorsteher und erzählte von diesem Jesus und von seinen Taten. Vor allem von einem Abschiedsmahl Jesu mit seinen Freunden war die Rede.
Und so ein Mahl haben sie dann auch gefeiert. Sie haben gebetet und das Brot geteilt. Alle tranken aus dem Becher Wein. Dann sagte der Vorsteher zu einem Mann, den sie »Diakon« nannten: »Bringe den Kranken von dem heiligen Brot!«, und der nahm es und ging.

Mirjam: Dann war das Treffen vorbei?

Lydia: Fast. Gegen Ende gaben die Leute dem Vorsteher Geld, Nahrungsmittel und Kleidung. Er sagte, er wolle es gerecht unter die Armen verteilen. Ich habe das alles gar nicht so richtig verstanden. Aber meine Mutter war begeistert und schwärmt noch heute von dieser »großartigen Gemeinschaft«. Und sie hat Priska fest versprochen, bald wieder vorbeizukommen, um noch mehr über diesen Jesus und die Christen zu erfahren.

Mirjam: Gehst du auch wieder mit?

Lydia: Möglicherweise, reizen würde es mich schon ...

Mirjam: Dann kannst du mir ja wieder berichten. – Das mit dem Fisch, das werde ich nachher gleich meine Eltern fragen. Mal sehen, ob die draufkommen. Also, bis dann. Schalom!

Lydia: Schalom!

Elke Polewsky

L spricht:
So viel zum Leben der Christen in Antiochia und ihrem Geheimzeichen. Vom Leben der ersten Christengemeinde in Jerusalem hören wir jetzt in der Lesung aus der Apostelgeschichte.

Lesung (nach Apg 2,43–47)

Durch die Apostel geschahen viele Wunder und Zeichen. Und alle, die auf den Namen Jesu Christi getauft worden waren, bildeten eine feste Gemeinschaft. Sie teilten und hatten alles gemeinsam. Sie verkauften Hab und Gut und gaben davon allen, jedem so viel, wie er nötig hatte. Tag für Tag beteten sie im Tempel, brachen in ihren Häusern das Brot und hielten miteinander Mahl. Sie waren von Freude erfüllt und lobten Gott. Beim ganzen Volk waren sie beliebt.

Thematische Erschließung 2

L spricht:
Auch wir gehören zur Gemeinschaft der Freunde Jesu. Woran wird das deutlich? Wir ... (im Gespräch zusammengetragen)

- tragen seinen Namen (»Christen«)
- versammeln uns in seinem Namen
- hören sein Wort aus der Heiligen Schrift
- hören von seinen Taten
- wollen wie er Gutes tun
- spüren seine Nähe im Beten und Singen
- ziehen in seinem Namen hinaus ...

Lied: Ich trage einen Namen

1. Ich tra - ge ei - nen Na - men, bei dem der Herr mich nennt. Du rufst mich in der

Tau-fe, da-mit auch ihr mich kennt. Du rufst mich in der

Tau-fe, da mit auch ihr mich kennt.

2. In christlicher Gemeinde
   mich aufnehmt, wie ich bin,
   weil Gott mich angenommen.
   Gott ruft mich selbst hierhin.

3. So ist es durch die Taufe
   mit dir und mir gescheh'n:
   Ich darf mit Christus leben
   und mit ihm aufersteh'n.

4. Und weil dich meine Schwäche
   nicht stört und du mich liebst,
   nehm ich auch meinen Nächsten
   so an, wie du ihn gibst.

5. So trag ich meinen Namen,
   bei dem du, Herr, mich nennst,
   und weiß, dass du mich immer
   mit meinem Namen kennst.

T: Rolf Krenzer   M: Peter Janssens
Aus: Ich schenk dir einen Sonnenstrahl, 1985
Rechte: Peter Janssens Musikverlag, Telgte

Fürbitten

Herr Jesus Christus,
wir wollen Dir unsere Anliegen und Bitten vortragen:

Lass viele Menschen, junge und alte, offen sein für den Ruf in Deine
Nachfolge!
Christus, höre uns! Christus, erhöre uns!

Lass uns und alle Christen daran denken, dass wir auf Deinen Namen getauft sind!
Christus, höre uns! Christus, erhöre uns!

Lass uns immer wieder die Verbundenheit mit Dir und die Gemeinschaft Deiner Freunde erleben und spüren!
Christus, höre uns! Christus, erhöre uns!

Schenke uns offene Augen und bereite Hände, in Deiner Nachfolge – ohne große Worte – zu handeln!
Christus, höre uns! Christus, erhöre uns!

Vater unser

Gebet

Herr Jesus Christus, wir gehören zusammen.
Du nennst uns Deine Freunde.
Wir glauben und leben miteinander,
wir beten und feiern miteinander.
Du lädst uns ein, mit Dir zu gehen.
Wir dürfen allen erzählen, wie schön es ist, Dich zu kennen.
Sei bei uns und bei den Menschen,
denen wir begegnen. Amen.

Segen

Lied: Es begleite uns Dein Segen   MC/CD 13

Refrain: Blei - be, Herr, jetzt bei——— uns, wenn wir nach Hau - se gehn!——— Sei bei uns auf all uns - ren We — gen! E - gal, ob der Him-mel— weint,

ob die Son-ne⸺ lacht, es be - glei - te uns Dein

Se — gen! 1. Wir ka-men hier zu - sam-men, weil wir

Chris - ten sind,⸺ in Dei - nem Na - men

Je - sus, warn wir da; Du

nennst uns Dei - ne Freun-de, wir ge - hörn zu Dir,⸺ wenn

wir ver - sam - melt sind, bist Du uns nah.

2. Wir haben hier zusammen auf Dein Wort gehört,
   wir haben neu bedacht, was Du uns sagst;
   wir haben froh gesungen und uns angelacht,
   wir haben neu gespürt, dass du uns magst.

3. Wir singen Dir mit diesem Lied ein Dankeschön,
   in Deinem Namen ziehen wir hinaus;
   wir bleiben deine Freunde, wir gehörn zu Dir,
   Auf Wiedersehen hier in Deinem Haus!

T und M: Wilfried Röhrig
Aus: MC/CD Willkommen hier in meinem Haus
Rechte: rigma Musikverlag, Viernheim

Nach dem Lied werden gebastelte Umhänger verteilt: Wir alle gehören zur Gemeinschaft der Freunde Jesu.